SV

Seit Beginn des 20. Jahrhunderts gelten Hölderlins Gedichte der Jahre 1801-1805 als sein »eigentliches Vermächtnis« – und der Dichter-Priester Pindar als ihr antikes Vorbild. Winfried Menninghaus' Studie entdeckt in diesen Gedichten einen Komplex von Rhythmen, Themen und mythischen Horizonten, der ihr bislang übersehenes (Anti-)Gravitationszentrum darstellt und zugleich zu einer Revision des dominanten Hölderlin-Bildes zwingt. Die antike Referenz ist dabei nicht Pindar, sondern die Dichterin Sappho. Sapphos Pathographie von erotischen Obsessionen, Trennungssituationen und Erfahrungen des Alterns, so wird gezeigt, ist von herausragender Bedeutung für die Definition dessen, was seit Ende des 18. Jahrhunderts »lyrisch« heißt, und Hölderlin hat einen erheblichen Anteil an dieser Selbst-Definition von »Lyrik« aus einer Beschäftigung mit der Dichterin. Leitfaden der gesamten Studie ist das berühmte Gedicht *Hälfte des Lebens*, nach dessen Veröffentlichung im Jahr 1804 Hölderin kein weiteres mehr selbst zum Druck gebracht hat. Die Studie integriert in die Analyse von Hölderlins materialer Arbeit an der Sprache die mythologischen Horizonte des Gedichts, Hölderlins Philosophie der »Schönheit« sowie zentrale Aspekte seiner Theorie der Dichtung.

Winfried Menninghaus

Hälfte des Lebens

Versuch über Hölderlins Poetik

Suhrkamp Verlag

Bilbliografische Informationen Der Deutschen Bilbliothek
Die Deutsche Bibliothek verzeichnet diese Publikation
in der deutschen Nationalbibliografie;
detaillierte bibliografische Daten sind im Internet abrufbar
über http://dnd.ddb.de abrufbar

Erste Auflage 2020

Suhrkamp Taschenbuch Verlag

Satz: Memminger MedienCentrum
Printed in Germany
Umschlag: hißmann, heilmann, hamburg
ISBN 978-3-518-24278-0

Inhalt

Einleitung 7

Ein Gedicht von der *midlife crisis*? 13
Der (sapphische) Adoneus als die metrische Signatur des Gedichts 19
Sappho und Diotima 32
Hölderlins Sappho 35
Vom Adoneus zu Adonis: *Hälfte des Lebens* als Reformulierung der antiken Schönheitsmythe 39
Adonis, Narcissus und schöne Schwäne 48
Hölderlins ›Theorie‹ des Schönen 62
Sappho und Alkaios als die polaren Urbilder »vollendeter lyrischer Schönheit« und ihre fragmentierte Präsenz im Medium freirhythmischer Sprache . . . 68
Der Widerstreit des Gedichts in sich selbst 85
Ein sapphisches Moment in Hölderlins großen pindarischen Gedichten? 95
Hälfte des Lebens und *Wie wenn am Feiertage* 103
Hängen – Stehen – Schweben 107

Anmerkungen 111
Bibliographie 134

Einleitung

Seit Beginn des 20. Jahrhunderts, seit der editorischen und kommentierenden Arbeit Norbert von Hellingraths, gelten Hölderlins Gedichte der Jahre 1800-1805 als sein »eigentliches Vermächtnis«[1] – und Pindar als ihr leitendes antikes Vorbild. Hölderlin stand stets unter »Einfluß«:[2] dem Wandel seiner dichterischen Formensprache entsprechen beinahe ebenso viele Inkorporationen verehrter Vorbilder. Mit einer Poetik der Bescheidenheit haben diese Werk-konstitutiven Reverenz-Akte nichts zu tun. Eher umgekehrt: der Bezug auf autoritative Muster und hohe Einschätzung der eigenen dichterischen Fähigkeiten waren bei Hölderlin kommunizierende Größen. Das Ende der fortgesetzten Arbeit an verehrten Vorbildern ist identisch mit Hölderlins Zusammenbruch: die Gedichte der sogenannten Turm-Phase haben keine erkennbare literarische Referenz und Reverenz mehr.

Die vorliegende Studie entdeckt einen Komplex von Rhythmen, Themen und mythischen Horizonten, der ein bislang übersehenes (Anti-)Gravitationszentrum der ›großen‹, der pindarischen Werkphase darstellt. Die antike Referenz dafür ist die Dichterin Sappho. Hölderlins ›Sapphisieren‹ fällt zum größeren Teil genau in die Jahre seines Pindarisierens, ja kann als dessen Kehrseite verstanden werden. Es verfährt meist sehr diskret und wenig auftrumpfend – und ist wohl ebendeshalb von der massiven Wucht des Pindarisierens gründlich überdeckt worden. Die Namen »Pindar« und »Sappho«, so wird sich erweisen, stehen in der Poetik um 1800 für sehr verschiedene, teilweise entgegengesetzte lyrische ›Programme‹, die Hölderlin beide aufgreift und auf komplexe Weise mischt.

Für Plato, Horaz und Quintilian galt Pindar als der Erste und Höchste unter den lyrischen Dichtern (»lyricorum longe princeps«[3]): durch seine erhabene Begeisterung und mitreißende Sprachgewalt, seine Gnomen und kühnen Sprünge, seine mythischen und historischen Gehalte ebenso wie durch die Vorbildfunktion der von ihm besungenen Sieger und Taten. Seit den Pindar-Editionen der Renaissance blieb diese Rolle bis Ende des 18. Jahrhunderts weitgehend unangefochten. Von Ronsards *Odes Pindariques* (1550),[4] den englischen »Pindaricks« des 17. Jahrhunderts[5] und Opitz' Diktum »O meine lust/ Pindarisiren«[6] bis zu Klopstocks Pindar-feiernder Selbstbeschreibung und Herders ausgiebigen Pindar-Studien erstreckt sich ein breites Panorama an Nachdichtung, Übersetzung und kritischer Erforschung.[7] Pindar figuriert dabei ebenso als mustergültiger Klassiker wie als regelloses Genie, als Moralist, enkomiastischer Dichter, dunkler Seher und Autor einer hochkomplexen impliziten Poetik.[8] Seit dem späten 18. Jahrhundert erscheint die für Pindar charakteristische Bindung lyrischen Sprechens an große (sportliche) Taten und vorbildliche Helden den meisten Lesern aber ebenso obsolet wie die Dichterrolle eines Priester-analogen Mittlertums zwischen Göttern und Menschen.[9] Das Register des Repräsentativ-Erhabenen gehört künftig nur noch ausnahmsweise zur Vorstellung des »Lyrischen«.[10] Pindar wird – trotz fortdauernder Begeisterung für seine sprachliche Virtuosität – zu einer Figur der Literaturgeschichte, die modernen Lyrik-Lesern in hohem Maße fremd ist.[11] »Pindarism [...] at last died away gradually«, befindet ein englischer Kritiker schon um 1779.[12] Anders als alle seine Vorgänger seit Ronsard schreibt der Pindarisierende Hölderlin der Jahre 1801 bis 1805 daher gegen ein Anachronistisch-Werden seines Vorbilds an: in ebendem Moment, in dem Pindar aus dem aktuellen Literatursystem zunehmend herausfällt und nurmehr ein Objekt historischer Wissenschaft wird,[13] bringt Hölderlin ihn noch einmal mit vorher ungekannter Radikalität auf die Bühne der deutschen Literatur zurück.

Das maßgebliche antike Vorbild für eine Lyrik, die sich nicht an öffentlich gefeierten Wettkampfsiegern, den Geschichten ihrer Familien, den Städten ihrer Herkunft, der imaginären Anbindung ihrer Taten an Mythen und an einem von priesterlichen Ambitionen durchdrungenen Selbstverständnis des Dichters orientiert, haben Herder, die Romantiker und Hölderlin in Sappho gefunden. Schon einige antike Quellen stellten Sapphos Lieder noch über diejenigen Pindars. Strabo nennt sie – wie in Ermangelung einer passenden Kategorie – ein *thaumastón ti chrêma*, ein bestaunenswertes, wunderbares »Ding«, für das es in der lyrischen Dichtkunst nichts Vergleichbares gebe.[14] Während Pindars preisende Orientierung an Siegern und großen Taten als genuin »lyrische« Disposition ihre lange unbefragte Glaubwürdigkeit verliert, erscheint Sapphos Patho- und genauer Algographie von erotischen Obsessionen, Trennungssituationen und Alternserfahrungen um so aktueller für den modernen Raum lyrischen Sprechens. Die folgende Studie erweitert die Serie von Hölderlins Inkorporationen literarischer Vorbilder um eben diese schillernde Gestalt: sie präsentiert ausgerechnet Hölderlin als einen überraschend konsequenten Beobachter und Bearbeiter Sapphos. Die Vorstellung des (männlich konnotierten) Künders und Dichter-Sehers wird damit auf einen Gegenton geöffnet, der sowohl mit Rücksicht auf die historische Sappho als auch auf die symbolischen Koordinaten des »Lyrischen« um 1800 mit Imaginationen von »Weiblichkeit« verbunden ist – nicht zuletzt solchen, die herkömmliche Geschlechtsrollen unterlaufen bzw. überkreuzen. Sappho, so stellt sich heraus, ist von herausragender Bedeutung für die Definition dessen, was seit Ende des 18. Jahrhunderts »lyrisch« heißt, und Hölderlin hat einen erheblichen Anteil an dieser Selbst-Definition von »Lyrik« aus einer Beschäftigung mit der lesbischen Dichterin. Sappho ist zugleich – und beides überschneidet sich – *der* historische Name für die prekäre Position weiblicher Autorität in Kunst und Denken, ebenso wie Diotima *der* mythische Name für diese Autorität ist.

Leitfaden und Hauptgegenstand der gesamten Studie ist Hölderlins berühmtes Gedicht *Hälfte des Lebens* (II 117), dessen erster Entwurf in die Jahre 1799 oder 1800 datiert. Nach mehreren Überarbeitungen 1802, evtl. auch erst 1803 fertiggestellt, erschien das kurze Gedicht Ende 1804 in Friedrich Wilmans *Taschenbuch auf das Jahr 1805*. Diese Veröffentlichung ist die letzte, die Hölderlin selbst geplant und redigiert hat; sie umfaßt unter der Sammelüberschrift *Nachtgesänge* insgesamt neun Gedichte.[15] Die folgende Lektüre untersucht vorrangig die Dominante von Hölderlins Arbeit an der Sprache: Metrum und Rhythmus. Sie integriert in diese Analyse mythologische Horizonte des Gedichts, Hölderlins Philosophie der »Schönheit« und zentrale Aspekte seiner ›Theorie‹ der Dichtung, allen voran die Lehre von der konstitutiven Selbstverleugnung, als welche Hölderlin die Arbeit der dichterischen Form begreift.[16]

Metrum und Rhythmus haben eine paradoxe Doppeleigenschaft: sie prägen maßgeblich die (imaginäre) Sinnlichkeit von Dichtung, und doch gehört ihre Analyse regelmäßig zu den sprödesten Übungen der Literaturwissenschaft. Zumeist unterbleibt sie daher ganz, obwohl dies allen Theorien lyrischer Sprache – und ganz besonders derjenigen Hölderlins – widerspricht. Die ältere, in den ersten drei Dekaden nach Hellingraths Edition entstandene Hölderlin-Forschung war in dieser Hinsicht weitaus literaturnäher als die neuere.[17] Da Hölderlins dichterische Leistung sehr viel mehr an Rhythmus und Ton seiner Sprache hängt als an ihren pragmatischen und philosophischen Gehalten, bedeutet die heute zur Norm gewordene Vermeidung metrisch-rhythmischer Analysen letztlich eine Verneinung ihres Gegenstands. Aus dieser Grundannahme schöpft die vorliegende Studie den Mut, zuallererst ein Buch zu Geschichte und Signifikanz eines einzigen metrischen Kolons zu sein: des traditionell Sappho zugeschriebenen fünfsilbigen »Adoneus«, der vom Titel »Hálfte des Lébens« bis zum Schlußvers »klírren die Fáhnen« das gesamte untersuchte Gedicht prägt. Die in der Arbeit am metrischen Detail gewonnenen Befunde münden in das Projekt einer »allegorischen Metrik«.

Die vorliegende Studie geht zurück auf die Einladung Geoffrey Hartmans, mich nach einjähriger Lehrtätigkeit an der Yale University als Mitglied des »Text Club« vorzustellen. Die Regel dieses privaten interdisziplinären Professoren-»Clubs« war es, daß auf jeder Sitzung ein Mitglied ein »close reading« eines kurzen literarischen Textes gibt. Meine Wahl fiel auf eine improvisierte Lektüre von *Hälfte des Lebens.* Seit diesem Initiationsritus am 24. Oktober 1994 habe ich in großen Abständen wiederholt kleinere Ergänzungen und Änderungen des (ursprünglich englischen) Manuskripts vorgenommen. Die dezidierte Ausschaltung jedes Zeit- und Publikationsdrucks gab mir etliche Gelegenheiten, meinen Text mit Kollegen und Studierenden zu diskutieren. Für wertvolle Hinweise danke ich insbesondere Anke Bennholdt-Thomsen, Bernhard Böschenstein, Cyrus Hamlin, Martin von Koppenfels, Gerhard Kurz, Wolfgang Rösler, Bernd Seidensticker, Howard Sterne und Martin Vöhler.

Hälfte des Lebens

Mit gelben Birnen hänget
Und voll mit wilden Rosen
Das Land in den See,
Ihr holden Schwäne,
Und trunken von Küssen
Tunkt ihr das Haupt
Ins heilignüchterne Wasser.

Weh mir, wo nehm' ich, wenn
Es Winter ist, die Blumen, und wo
Den Sonnenschein
Und Schatten der Erde?
Die Mauern stehn
Sprachlos und kalt, im Winde
Klirren die Fahnen.

Ein Gedicht von der *midlife crisis*?

Während viele Hölderlin-Gedichte ihre Leser auf die Bahn einer mühsamen Entzifferung tiefsinniger Philosopheme und (privat-)mythologischer Anspielungen schicken, bietet *Hälfte des Lebens* schon dem ersten Lesen eine sofortige Evidenz. Die das gesamte Gedicht strukturierende Opposition erscheint durchaus einfach und klar: eine spätsommerliche Szene wird dem Gedanken an den Winter kontrastiert. Offenkundig haben die evozierten Natur- und Jahreszeitenbilder etwas mit dem Zustand des sprechenden »ich« zu tun. Sie bieten sich einer metaphorischen Lektüre an und entsprechen damit kanonischen Erwartungen an eine (romantische) Überblendung von Natur- und Stimmungslyrik. Die Kombination des Gedichttitels mit der strophischen Antithetik von Fülle und Mangel läßt wenig Raum für Zweifel: das sprechende »ich« sieht mit der »Hälfte des Lebens« einen kritischen Umschlagspunkt gekommen. Es nimmt einerseits noch den Raum der Wärme, Fruchtbarkeit und Farbigkeit der ersten Szene wahr, sieht andererseits aber einen Absturz in Entbehrung, Kälte und Sprachlosigkeit bevorstehen.

Obwohl das Gedicht als Beschreibung zweier antithetischer Lebenssituationen gelesen werden kann und auch seinerseits aus zwei Hälften (zwei Strophen zu je 7 Versen) besteht, spricht der Titel doch nur von *einer* bzw. *der* »Hälfte des Lebens«. Er scheint damit jenen Moment zu betonen, in dem der Abschluß der ersten Hälfte des Lebens erreicht und die zweite antizipiert wird. Mit der »Hälfte des Lebens« ist demnach weniger die *Erstreckung* der Hälfte eines Ganzen gemeint als jener *Punkt*, der die »Hälfte« eines Ganzen markiert: die (symbolische) Mitte einer Strecke. Sowohl die Hälfte des Gedichts in diesem Sinn als auch die skandierende Grenze zwischen den beiden polaren Szenen ist mit der Leerzeile zwischen den beiden gleichlangen Strophen erreicht. Das Gedicht spricht buchstäblich aus dieser Lücke, dieser Zäsur heraus: sie ist *die* Hälfte, der kritische Moment der Mitte, der symbolische Ort, aus dem heraus sich die Antithese ergibt. In diesem Moment des Sprechens verwandelt sich das immer noch gegenwärtige erste Bild in eine sentimentalische Erinnerung, während die futurische zweite Szene die präsentische Bühne des »ich« mit Sorge, ja Verzweiflung bedrängt. Eine Vermittlung zwischen beiden Szenen erscheint unmöglich; es ist allein die Leerstelle der Zäsur, auf die sich das Sprechen des lyrischen »ich« zusammenzieht, indem es die magische Fülle der ersten Strophe zum Nachbild einer verlorenen Vergangenheit stempelt und für die Zukunft nurmehr kalte Sprachlosigkeit vorhersieht.[1] Wie sehr die Sprechinstanz des »ich« der mit der Zäsur einsetzenden Zukunftssorge zugehört, belegt auch der Umstand, daß die erste Hälfte von Gedicht und Szene grammatisch ich-los bleibt und insofern als vom »ich« bereits verlassen erscheint.

Es kann daher nicht überraschen, daß *Hälfte des Lebens* schon zu Hölderlins Lebzeiten als ein *midlife crisis*-Poem gelesen worden ist. Das Gedicht, so will es eine 1828 erschienene Deutung, stellt »die Mitte der Lebensjahre und das herannahende Alter« unter dem Vorzeichen »allmähliger Verödung« dar (VII 4, 184-185). Die Stuttgarter Ausgabe unterstützt eine solche Deutung, indem sie auf Briefe verweist, in denen Hölderlin über die »Hälfte« seines eigenen Lebens reflektiert (II 665).[2] Und tatsächlich: liest man *Hälfte des Lebens* als eine autobiographische Reflexion, so erscheint das Gedicht im nachhinein als geradezu prophetisch. Seine Publikation findet ziemlich genau in der Hälfte von Hölderlins Leben statt, und sie geht unmittelbar dem Beginn der langen Phase der ›Umnachtung‹ voraus. Der »Nachtgesang« *Hälfte des Lebens* ist, so gesehen, ein »Schwanengesang«, ein lyrischer Abschied in einen ausgedehnten Winter ohne alle »Blumen«, Trunkenheiten und Versprechungen des früheren Lebens.

Gewiß ist das Syndrom mit Namen »midlife crisis« ein Produkt des späteren 20. Jahrhunderts – eines überdies, dessen klinische Beschreibungen sich in empirischen Überprüfungen vielfach als bloße ›Erfindung‹ erwiesen haben.[3] Eine relativ gut abgesicherte Form, das Phänomen der *midlife crisis* zu beschreiben, geht von der Beobachtung aus, daß narrative Formen der Selbsterzählung des eigenen Lebens wichtige Elemente eines jeden Selbstgefühls, einer jeden Konstruktion und Artikulation eines »Ich« darstellen. Für die mittleren Lebensjahre haben narratologisch orientierte Untersuchungen einen Bruch in der Selbsterzählung des eigenen Lebens ergeben. Einerseits begünstigen diese Jahre rückblickend narrative Integrationen des eigenen Lebens in positiv besetzte Geschichten – einschließlich einer Vielzahl von kleineren oder größeren Idealisierungen der eigenen Vergangenheit. Andererseits wurde für die noch bevorstehende Lebenshälfte eine Tendenz festgestellt, die sich mit fortschreitendem Alter verstärkt: nämlich die Desintegration solcher narrativen Muster. Das Gefühl, »über den Berg zu sein«, von nun an eine Abwärtsbahn zu beschreiten, begünstigt eine Dissoziation von Lebensgefühl und positiv besetzbaren Erzählmustern – eine Dissoziation, die bis hin zum völligen Unvermögen führen kann, noch kohärent über das eigene Leben zu sprechen. Die Sprachlosigkeit und affektive Not der zweiten Strophe von *Hälfte des Lebens* entsprechen diesen Befunden.

Als das kanonische literarische Muster für die Artikulation einer *midlife crisis* gelten, auch in der psychologischen Forschung,[4] die berühmten Sätze über eine angstvolle Krise in der Mitte des Lebensweges (»Nel mezzo del camin di nostra vita«), mit denen Dantes *Commedia* beginnt. Hölderlin hat vielfach die Situation einer Wende des Lebens im Ausblick auf seine zweite Hälfte thematisiert. In der Regel gewinnt er dem narrativen Muster einer potentiellen Krise allerdings gerade eine positive Seite ab. Im *Hyperion* heißt es etwa:

> Wir sind am Abend unsrer Tage. [. . .] Wir haben aufgehört von Glük und Mißgeschik zu sprechen. Wir sind emporgewachsen über die Mitte des Lebens, wo es grünt und warm ist. Aber es ist nicht das Schlimmste, was die Jugend überlebt. Aus heißem Metalle wird das kalte Schwert geschmiedet. Auch sagt man, auf verbrannten abgestorbenen Vulkanen gedeihe kein schlechter Most. (III 34)

Kälte und Todesaffinität sind auch hier die Hauptmerkmale dessen, was auf die »Mitte des Lebens« folgt. Aber sie werden – in einer Mischung aus selber ›abgebrannten‹ Redensarten und trotziger Verzweiflung – entschlossen gegenbesetzt, zum Ferment einer Nützlichkeit eigener Art erklärt. In einem Brief an den Bruder vom 11. Februar 1796 spricht der 25jährige Hölderlin erstmals ausdrücklich von der Hälfte seines eigenen Lebens. Den Antritt seiner Hofmeisterstelle in Frankfurt, möglicherweise auch schon den Beginn der Liebe zu Susette Gontard beschreibt Hölderlin als die glückliche Vermeidung einer frühzeitigen Tendenz »zum alten Manne«:

> Du hast mich in bösen Tagen gesehn und Geduld mit mir gehabt, ich wollte nun auch, Du könntest die fröhlichere Periode mit mir teilen.
> Es war auch Zeit, daß ich mich wieder etwas verjüngte; ich wäre in der Hälfte meiner Tage zum alten Manne geworden. Mein Wesen hat nun wenigstens ein paar überflüssige Pfunde an Schwere verloren und regt sich freier und schneller, wie ich meine. (VI 200-201)

Das herabziehende Gewicht der Traurigkeit wird hier auf die Opposition von jung und alt und genauer: von zwei Hälften des Lebens bezogen. Symbolisch ordnet Hölderlin die »bösen Tage«, die er durchaus seit seiner Jugend kennt, einem frühzeitigen Alterungsprozeß zu. Der Brief feiert die Umkehrung des Alterns, läßt aber eben deshalb die grundsätzlich krisenhafte Besetzung der Zeit nach der »Hälfte meiner Tage« durchaus intakt. Während im *Hyperion* das Alt- und Kaltwerden selbst für eine positive Besetzung geöffnet wird, erscheint hier das ›Sich-Verjüngen‹ als die einzige Losung, die wenn nicht Rettung, so doch Aufschub verspricht. Beinahe fünf Jahre später, im Dezember 1800, ist es nicht das eigene Sich-Verjüngen, sondern eine positive Wende der Zeitgeschichte, die Hölderlin erneut bestimmt, seinem Bruder eine hoffnungsvolle Perspektive auf »die zweite Hälfte meines Lebens« mitzuteilen: »der Friede, der jetzt im Werden ist, (wird) gerade das bringen, was er und nur er bringen konnte; [...]

diß ists, was vorzüglich mit Heiterkeit mich in die zweite Hälfte meines Lebens hinaussehn läßt« (VI 407). Sofern es entweder starker innerer oder äußerer Gründe bedarf, um den Blick auf »die zweite Hälfte meines Lebens« anders als gramvoll ausfallen zu lassen, bleibt eine tendenziell negative Besetzung dieses narrativen Wendepunkts in der Beschreibung des eigenen Lebens erhalten. Das Gedicht *Hälfte des Lebens* weicht von Hölderlins früheren Verwendungen des Begriffs deutlich ab: während der potentiell krisenhafte Ausblick von der Mitte des Lebens sonst stets durch ein Gegengewicht ausbalanciert wurde (Sich-Verjüngen, die eigentümliche Fruchtbarkeit der abgestorbenen Lava, die Heiterkeit in Erwartung des Friedens), fällt nunmehr jede Gegenbesetzung fort; der dissonant klirrende Winter behält erstmals ohne Einschränkung das letzte Wort.

Der sehr flexible Gebrauch, den Hölderlin von der narrativen Topik eines krisenhaften Ausblicks auf die zweite Lebenshälfte gemacht hat, desavouiert nicht per se den Wert dieser Topik für die Lektüre von *Hälfte des Lebens.* Er warnt aber vor jedem unkritischen Gebrauch der autobiographischen Parallelstellen – setzen diese doch eher einen dem Gedicht entgegengesetzten Akzent. Auch aus anderen Gründen kann die Topik einer *midlife crisis* allenfalls den Anfang einer näheren Beschäftigung mit Hölderlins Gedicht darstellen. Jeder Leser von Hölderlins Briefen weiß, wie prekär sein Leben schon lange vor dessen »Hälfte« verlief. Von wenigen euphorischen Phasen und Momenten abgesehen, waren subjektive Not und Traurigkeit ein Grundtenor. Markante depressive und schließlich schizophrene Schübe skandierten Hölderlins Existenz und machten ihm von Jugend an schwierig, ja letztlich unmöglich, was die heutige Ich-Psychologie narrative Integrationsmodelle für ein subjektiv akzeptiertes Leben nennt. Der Überreichtum an Schönheit, Fruchtbarkeit, erotischer Trunkenheit, Farben, Tönen und »Hold«-Seligkeit – wie ihn die erste Strophe von *Hälfte des Lebens* evoziert – kann daher kaum als eine Selbstbeschreibung von Hölderlins Leben vor seiner Wende in eine entgegengesetzte zweite »Hälfte« gelten. Der Abstand zwischen dem poetischen Bild und einem nüchternen Blick auf Hölderlins Leben strapaziert selbst jeden starken Begriff von »Idealisierung«. Ein Brief an die Schwester vom 11. Dezember 1800 zeigt überdies, daß Hölderlin die Kälte- und Todes-Topik schon in seinem früheren erwachsenen Leben gegeben sieht:

> Ich kann den Gedanken nicht ertragen, daß auch ich, wie mancher andere, in der kritischen Lebenszeit, wo um unser Inneres her, mehr noch als in der Jugend, eine betäubende Unruhe sich häuft, daß ich, um auszukommen, so kalt und allzu nüchtern und verschlossen werden soll. Und in der That, ich fühle mich oft, wie Eis, und fühle es notwendig, so lange ich keine stillere Ruhestätte habe, wo alles was mich angeht, mich weniger nah, und eben deßwegen weniger erschütternd bewegt. (VI 404)

Der schwer ertragbare Gedanke ist hier keineswegs das Altern[5] oder die zweite Lebenshälfte, sondern die Opfer, die Hölderlin von früh an in seinem gesamten ›erwachsenen‹ Leben dem »Auskommen« in einer prekären Situation bringen mußte. Bekanntlich lebte er, »wie mancher andere«, in einem unlösbaren Konflikt seiner dichterischen Ambitionen und sonstigen Lebenswünsche (»alles was mich angeht«) mit dem Zwang zur seriellen Ausübung subalterner Hauslehrerstellen (für die er offenkundig wenig geeignet war). Die unausgelebten Wünsche, so will es der Brief, bestimmen um so distanzloser (»nah«) und um so heftiger (»erschütternd«) die innere Bühne des Selbst, erzeugen »eine betäubende Unruhe« und zwingen Hölderlin, »um auszukommen«, zu einer Strategie des Sich-selbst-Unempfindlich-Machens (»kalt und allzu nüchtern und verschlossen werden«). Die dadurch erzeugte Winterkälte ist nicht der Todeshauch, der den Blick von der Mitte des Lebens auf dessen zweite Hälfte anweht, sondern bereits lange zuvor eine Notlösung, eine Selbst-Imprägnierung gegen anders nicht erträgliche Mangelerfahrungen. Wirkliche, wünschenswerte »Ruhe«, so Hölderlins Selbsterzählung, wäre nur in einer Lebenssituation zu finden, in der ohne solche Selbst-Vereisung »auszukommen« ist. Hölderlins Leben wäre demnach nicht durch die *midlife*-Zäsur zwischen gelingender narrativer Integration und ihrem zunehmenden Scheitern geprägt, sondern durch die vorweggenommene Vereisung und Verwinterung von Beginn des erwachsenen Lebens an.

Solche Unstimmigkeiten raten zur Vorsicht; sie lassen gleichwohl die Möglichkeit offen, das Gedicht in einem nicht so sehr autobiographischen als topischen Sinn als Ausprägung der »Mitte des Lebens«-Problematik zu lesen. In keinem Fall aber enthält die Beziehbarkeit des Gedichts auf die Thematik einer *midlife crisis* bereits eine Einsicht in seine implizite Poetik und seinen dichterischen Rang. Dazu bedarf es eines Fragens anderer und geduldigerer Art. So klar die Basisstruktur scheint, so erratisch wirken doch fast alle Details – darin ist dem zeitgenössischen Verdikt über die Dunkelheit und Unverständlichkeit der *Nachtgesänge* (VII 4, 22) kaum zu widersprechen. Und was wiederum macht das Gedicht so ›dicht‹, so zwingend, so »vollkommen«, wie es die spätere Rezeption regelmäßig behauptet hat?[6] Welche ästhetischen Register bringt es zum Schwingen? Welche Assoziationshorizonte ruft es mit seinem sprachlichen »Kunstkarakter« auf?

Der (sapphische) Adoneus als die metrische Signatur des Gedichts

Die erste Beobachtung, von der die folgende Lektüre ihren Ausgang nimmt, ist eine metrische. Was immer der Titel »Hälfte des Lebens« bedeuten mag, seine formalen Eigenschaften finden das gesamte Gedicht hindurch eine starke Resonanz. Etwa gleichmäßig verteilt, kehren rhythmisch analoge Wortgruppen wieder: als Versteile in den Ausdrücken

»trúnken von Küssen«, »nǘchterne Wásser«, »Schátten der Érde«; als selbständig für sich stehender Vers im abschließenden »klírren die Fáhnen«. Die rhythmische Übereinstimmung von Titel und Schlußvers – »Hälfte des Lébens«, »klírren die Fáhnen« – setzt dabei den stärksten Akzent. In der Rhetorik hat dieses fünfsilbige Zeit- und Betonungsmuster (– ⏑ ⏑ – ⏓) spätestens seit der lateinischen Antike einen aufschlußreichen Namen: es heißt »Adoneus« bzw. »Adonius«.[1] Dieser Name verdankt sich dem rituellen Klageausruf *ô ton Adônin* (»wéhe Adónis«),[2] der sich unter den überlieferten Fragmenten Sapphos findet. Die abschließenden fünf Silben der sapphischen Strophe entsprechen generell dem metrischen Muster dieser Klage über den Tod des schönen Adonis; eben deshalb wurde der entsprechenden Silbengruppe der Name *adoneus* gegeben. Dieser Name hat seine gute Berechtigung: Sappho ist die mit Abstand älteste Quelle zum Adonis-Kult; etliche ihrer Lieder sind der lesbischen Aphrodite-Verehrung zuzurechnen, und mindestens eines,[3] vermutlich mehrere dieser Lieder haben offenbar speziell Adonis' frühzeitigen Tod besungen – eine Klage, die Teil des Aphrodite-Kults war.

Die bereits in der späteren Antike verbreitete Meinung, Sappho habe den Adoneus »erfunden«,[4] blieb bis ins 20. Jahrhundert weithin unangefochten. Wilamowitz sah zwar einige vor-sapphische Beispiele für den Adoneus gegeben – ein rhodisches Schwalbenlied, einen alten Dionysoshymnus –, fand dadurch aber nur die allgemeine Annahme bestätigt, der Adoneus sei »eine alte Klausel«.[5] Die sapphische Strophe besteht nach heutiger Erkenntnis aus zwei Elfsilblern und einer dritten, 16-silbigen Periode. Deren abschließende fünf Silben, eben der sogenannte Adoneus, wurden schon in den antiken Papyri – sehr wahrscheinlich aus platzökonomischen Gründen – durch einen Zeilenbruch von den übrigen elf Silben des Schlußverses abgesetzt. Auch alle lateinischen Nachbildungen der sapphischen Strophe (Catull, Horaz) kennen das Phänomen eines graphisch abgesetzten »Adoneus«. Heutige Editionen zeigen durch graphische Einrückung an, daß die wegen Überlänge des dritten Verses entstandene vierte Zeile keine eigene Periode darstellt, sondern nur das Ende der vorangehenden – zumindest in der altgriechischen Lyrik.[6] Der Umstand, daß der »Adoneus« den Überhang des dritten Verses über die beiden voraufgehenden Elfsilbler darstellt, begünstigte in jedem Fall die Annahme, er sei ein eigenes metrisches Kolon und als solches die Klausel der ganzen Strophe – gleichviel ob diese Klausel als eine separate vierte Periode mißverstanden wurde oder nicht.

Die neuere altphilologische Forschung indes vermeidet weithin schon den Begriff »Adoneus«. Von den beiden heute meistbenutzten Standardwerken zur griechischen Metrik teilt das eine (Snell) als letztes Kolon der dritten Periode der sapphischen Strophe die letzten sechs Silben ab;[7] das andere (West) erkennt zwar hinter der elften Silbe durchaus noch eine häufige Zäsur an, sieht aber in der herkömmlichen Auffassung der letzten fünf Silben als separater Klausel den Umstand verkannt, daß die dritte Periode der sapphischen Strophe lediglich eine Erweiterung der ersten und zweiten sei.[8] Snell hat den Adoneus gänzlich aus dem Kanon der äolischen »Grundmaße« gestrichen; West dagegen führt ihn noch (bzw. wieder) als ein »basic colon« der lesbischen Lyrik auf.[9] Die heute maßgebliche Sappho-Edition Eva-Maria Voigts sieht ebenfalls eine Zäsur vor den abschließenden fünf Silben und damit ein fünfsilbiges metrisches Kolon in Klauselposition.[10] Dennoch verwendet sie, trotz gleicher Notation der fünf Silben, nicht den überlieferten Namen Adoneus. Sie gibt der fünfsilbigen Klausel vielmehr den Namen eines siebensilbigen Kolons: »Pherekrateus«. Genauer: der fünfsilbige Adoneus wird als ein um die beiden ersten Silben gekürzter (= doppelt »akephaler«) Pherekrateus gedeutet und damit auf ein anderes Grundmaß der äolischen Metrik reduziert. Ob dieses terminologische Kunststück die metrische ›Realität‹ mystifikationsfreier wiedergibt als die alte Prägung »Adoneus«, erscheint zumindest dem Amateur in griechischer Metrik durchaus fraglich. Wie auch immer: Wilamowitz' Bemerkung – »aus der sapphischen Strophe kennt ihn [den Adoneus] jeder«[11] – ist seit Mitte des 20. Jahrhunderts nicht nur als Aussage über einen allgemeinen humanistischen Bildungsstand fraglich geworden. Klopstock und Hölderlin dagegen – und allein dies ist hier maßgeblich – haben den Adoneus in jedem Fall als eine metrische ›Realität‹ der sapphischen Ode verstanden. Auch entspricht das Referenz-Fragment, dem der Adoneus seinen Namen verdankt – eben *ô ton Adônin* (wehe Adonis) –, für sich genommen unbestreitbar dem fraglichen metrischen Muster.

Es war das Verdienst Klopstocks, im Rückgang auf die antiken Odenmaße der deutschen Dichtungssprache eine Fülle neuer metrischer und rhythmischer Möglichkeiten erschlossen zu haben. Niemand hat dies so genau beobachtet und zur Grundlage seines eigenen Dichtens gemacht wie Hölderlin. Das ganze Spektrum der von Horaz kanonisierten altgriechischen Maße schrumpft bei Hölderlin allerdings weitgehend auf die Zweiheit der asklepiadeischen und der alkäischen Strophe.[12] Die vollständige sapphische Strophenform hat Hölderlin allein in *Unter den Alpen gesungen* (1801) nachgebildet (II 44); Sattler hält diese einzige sapphische Ode Hölderlins zugleich für seine »letzte originär entworfene Ode« überhaupt (KT 15,12). Auch in Klopstocks umfangreicher Odenproduktion war das sapphische Maß ein höchst seltener Gast. Unter seinen drei vereinzelten sapphischen Oden findet sich allerdings eine, die zu seinen herausragenden Leistungen gehört: *Furcht der Geliebten* (1753).[13] Dieses Gedicht setzt, wie *Hälfte des Lebens*, den Adoneus zugleich als Schlußvers (»Weíne nicht, Cídli.«) wie als Gedichttitel (»Fúrcht der Gelíebten«) ein. Da Silbenfolgen vom Typ des (deutschen) Adoneus (– ⌣ ⌣ – ⌣) mit statistischer Wahrscheinlichkeit auch in Prosa sowie in verschiedenen Versarten vielfach vorkommen können (wenn auch nicht notwendig als eine rhythmisch markierte Gruppe);[14] da Hölderlins Akzent auf dieser Silbengruppe vom Titel bis zum Schluß die ganze folgende Lektüre von *Hälfte des Lebens* anleitet, ist zunächst mit einiger Ausführlichkeit zu zeigen, wie sehr Hölderlins Zugriff auf den Adoneus tatsächlich durch seine Arbeit an der sapphischen Form bestimmt ist.

Vor ihrem Abschluß in den fünf traditionell als »Adoneus« bezeichneten Silben durchläuft die sapphische Strophe drei Mal die gleiche Silbenfolge: – ⏑ – ⏓ – ⏑ ⏑ – ⏑ – ⏓.[15] Klopstock empfand kraft seiner generellen Intention auf metrische Vielfalt ein Ungenügen an dieser dreifachen Wiederholung. Er verschob deshalb bei seiner Transposition der sapphischen Elf-Silbler deren einzige Doppelsenkung, und zwar an je unterschiedliche Verspositionen: im ersten Vers an die Stelle hinter der ersten Hebung und im zweiten Vers an die Stelle hinter der zweiten Hebung. Nur im dritten Vers blieb die Doppelsenkung an ihrer ›originalen‹ Stelle, also hinter der dritten Hebung, stehen:

– ⏑ ⏑ – ⏑ – ⏑ – ⏑ – ⏑
– ⏑ – ⏑ ⏑ – ⏑ – ⏑ – ⏑
– ⏑ – ⏑ – ⏑ ⏑ – ⏑ – ⏑
– ⏑ ⏑ – ⏑

Das Resultat von Klopstocks Innovation wird gern als »Wanderdaktylus« bezeichnet. Tatsächlich läuft eine Gruppe, die zumindest in ihrer schematischen Wiedergabe dem Daktylus entspricht (– ⏑ ⏑), Vers für Vers um eine Hebung nach hinten. Hölderlin hat Klopstocks Modifikation der ersten beiden Verse übernommen und zusätzlich auch den dritten Vers verändert. In diesem hat er die Doppelsenkung die Stelle hinter der dritten Hebung überspringen lassen und sie so hinter die vierte von fünf Hebungen verschoben:

– ⏑ ⏑ – ⏑ – ⏑ – ⏑ – ⏑
– ⏑ – ⏑ ⏑ – ⏑ – ⏑ – ⏑
– ⏑ – ⏑ – ⏑ – ⏑ ⏑ – ⏑
– ⏑ ⏑ – ⏑

Die Gesamtheit dieser Modifikationen wird durch den evokativen Begriff »Wanderdaktylus« eher verstellt als auf den Begriff gebracht. Beissner hat in einer Anmerkung der Stuttgarter Ausgabe sehr viel treffender den folgenden Effekt beobachtet: »In Hölderlins Strophe klingt nun die vierte Zeile (der Adonius) wie das genaue Echo des vorangehenden Versschlusses« (II 475). Oder anders: Hölderlin führt einen Doppel-Adoneus als Schluß ein. Von hier aus ergibt sich auch ein neuer Blick auf den bereits von Klopstock modifizierten ersten Vers: er beginnt nämlich, anders als bei Sappho, ebenfalls mit einer adoneischen Silbenfolge. Der Adoneus wird so unversehens zur Rahmung der gesamten sapphischen Strophe:

Klopstock	Hölderlin
(– ⏑ ⏑ – ⏑) – ⏑ – ⏑ – ⏑	(– ⏑ ⏑ – ⏑) – ⏑ – ⏑ – ⏑
– ⏑ – ⏑ ⏑ – ⏑ – ⏑ – ⏑	– ⏑ – ⏑ ⏑ – ⏑ – ⏑ – ⏑
– ⏑ – ⏑ – ⏑ ⏑ – ⏑ – ⏑	– ⏑ – ⏑ – ⏑ (– ⏑ ⏑ – ⏑)
(– ⏑ ⏑ – ⏑)	(– ⏑ ⏑ – ⏑)

Die in diesen Schemata markierten Adoneen sind keine fußphilologischen Fiktionen, sondern durchaus metrische Realitäten (anders etwa als die nur potentiell adoneische Gruppe, die mit der zweiten Hebung des zweiten Verses beginnt). Auf den Titel *Furcht der Geliebten* läßt schon Klopstock einen klar abgegrenzten adoneischen Strophenanfang folgen: »Cidli, du weinest« und »Wo er sich endet«. Analog beginnt Hölderlins einzige sapphische Ode mit einem durch ein Kolon abgesetzten Adoneus: »Heilige Unschuld,«.[16] Auch die von Hölderlin eingeführten adoneischen Doppel-Klauseln (»íhnen zu Fűßen/ Sízen, den Álten.«, »áber wie reín ist/ Reíne, dir álles!«, »Spráchen des Hímmels! Deúten und síngen.«) erfüllen Klopstocks einleuchtendes Kriterium für metrische Realitäten in der deutschen Sprache: die »künstlichen« Einteilungen nach »Versfüßen« sind auch »Wortfüße«, d.h. rhythmische Silbengruppen fallen mit Wortgrenzen bzw. Sinneinheiten zusammen.[17] Wo einer derartigen sapphischen Strophe auch noch ein adoneischer Titel vorangestellt wird – *Furcht der Geliebten, Hälfte des Lebens* bzw. die ›latenten‹ Adoneen »Únter den Álpen« oder »Álpen gesúngen« in *Unter den Alpen gesungen* –, avanciert der Adoneus zu einer doppelten oder gar dreifachen Rahmung des gesamten Gebildes. Er wird gegenüber dem antiken Vorbild mithin deutlich verstärkt.

Mit Rücksicht auf die prosodischen und metrischen Gegebenheiten der deutschen Sprache haben Klopstock und Hölderlin die fünfte Position des Adoneus, die bei Sappho wie bei Horaz fakultativ durch eine lange oder kurze Silbe ›gefüllt‹ werden kann, generell durch eine unbetonte Silbe wiedergegeben. All dieser Änderungen unbeschadet verdient das Resultat des offenbar höchst bewußten dichterischen Feilens durchaus den Namen einer genuinen Modifikation der sapphischen Strophe. In dieser modifizierten Strophe ist der Adoneus bereits von Beginn an präsent (als Titel und/oder Eröffnung der ersten Zeile), bevor er als Kolon schließlich in klarer metrischer Markierung die Bühne des Verses beschließt. Der Adoneus, wie er auch *Hälfte des Lebens* eröffnet, beendet und sogar ›wandernd‹ durchläuft, war für Hölderlin nach alledem ein, wenn nicht *das* bestimmende Moment seiner Bearbeitung des sapphischen Liedes. (Der Sappho-Herausgeber Denys Page hat übrigens noch 1955 für die metrischen Gegegenheiten der originalen sapphischen Strophe eine strukturell ähnliche Deutung gegeben.[18]) Durch die Komposition der *Nachtgesänge* hat Hölderlin im übrigen dafür Sorge getragen, daß der Adoneus – zumal in seiner Klauselfunktion – auch kontextuell stark markiert wird. Während es sich bei den ersten sechs *Nachtgesängen* um eine asklepiadeische und fünf alkäische Oden handelt, teilt die abschließende Trias das doppelte formale Merkmal, freirhythmisch zu sein und gleichwohl mit einem (sapphischen) Adoneus zu schließen – *Hälfte des Lebens* mit »klirren die Fahnen«, *Lebensalter* mit »Séligen Geíster« und *Der Winkel von Hardt* mit »übrigem Órte«.[19] Drei Gedichtschlüsse, drei adoneische Unterschriften: das metrische Zitat gewinnt durch diese Wiederholung den Charakter eines Hypogramms im doppelten Sinn – als buchstäbliche *subscriptio* bzw. Signatur und als hypogrammatische Einschreibung einer rekurrenten Chiffre in die Zeit- und Betonungsverhältnisse der Worte.[20] Nur *Hälfte des Lebens* allerdings verstärkt diese hypogrammatische Klausel – unter Wahrung ihrer grammatischen Latenz – zu einer bestimmenden metrischen Figur des ganzen Gedichts.

Außer für *Unter den Alpen gesungen* scheint Hölderlin das sapphische Strophenmaß für das Gedicht *Thränen* (II 58) vorgesehen zu haben; zumindest hat er das Schema der Strophe auf der Rückseite des Gedichtblattes notiert (II 516). In den ersten beiden Varianten trug dieses Gedicht einen Titel, der zugleich die metrische Skizze motiviert haben dürfte: *Sapphos Schwanengesang* (II 515). In der dritten Variante setzt sich dann aber entschieden die alkäische Form durch, und auch der neue Titel *Thränen* – wiewohl assoziativ eher zu einer sapphischen als zu einer alkäischen Ode gehörig – tilgt jede direkte Reminiszenz an ein sapphisches Lied. Das Gedicht beklagt den Tod der »feur'gen [...] Himmlische[n] Liebe« und der »Tage der Schönheit«. Für *Hälfte des Lebens* ist dieses Gedicht um so aufschlußreicher, als Hölderlin es in der gleichen Zeit geschrieben und zusammen mit *Hälfte des Lebens* für den Druck eingerichtet und veröffentlicht hat. Beide Gedichte stimmen einen »Schwanengesang« auf den Untergang einer im Gedicht nochmals heraufbeschworenen Schönheit und Liebe an. Sie bilden damit eine elementare Situation der sapphischen Ode nach: das Eingedenken vergangenen Glanzes und einstiger Schönheit im Moment von Trennung und Abschiedsschmerz. Beide Gedichte Hölderlins tragen außerdem Spuren einer sich selbst tilgenden Beschäftigung mit der sapphischen Form. Bei *Thränen* ist die sapphische Form – wenn auch nicht ohne Rest[21] – in ihren (polaren) Wahlverwandten, die alkäische Strophe, übergegangen; bei *Hälfte des Lebens* ist zumindest der Adoneus erhalten geblieben und sogar besonders verstärkt worden. Das Gedicht

Thränen beweist nicht allein, daß Hölderlin sich in der Zeit der Niederschrift und Redaktion von *Hälfte des Lebens* mit der sapphischen Form beschäftigt hat; es bezeugt zugleich, daß Spuren dieser Form auch da entdeckt werden können, wo von der integralen sapphischen Strophe noch weit weniger übriggeblieben ist als in *Hälfte des Lebens*.

Der Rückgriff auf die sapphische Form stellt ein hochselektives philologisches Datum von einiger Aussagekraft dar. Sapphische Oden, die in der deutschen Sprache das antike Versmaß nachbilden, sind extrem seltene Erscheinungen. In der Folge der Aktualisierung der Odenformen durch Ronsard bemühten sich Birken, Klaj und Schottel gelegentlich auch um die sapphische Form.[22] Das einzige bekanntere Beispiel einer barocken sapphischen Ode – allerdings einer gereimten – ist Johann Heermanns Kirchenlied *Hérzliebster Jésu* (1630), das auch bereits den Adoneus im Titel kennt. Es bedarf allerdings einiger Mühe, die Silbe »lieb« als Analogon einer antiken Kürze auszusprechen. Der Parcours durch das sapphische Schnittmuster fällt recht holprig aus: »áns Kreuz gehénket« lautet etwa der abschließende Adoneus der ersten Strophe. Insgesamt erreichen die wenigen barocken Versuche nicht annähernd die Zwanglosigkeit, mit der sich Klopstocks *Furcht der Geliebten* und Hölderlins *Unter den Alpen gesungen* sowie – zumindest was den beschließenden Adoneus betrifft – *Hälfte des Lebens* das antike Maß aneignen.

Eine *Hälfte des Lebens* vergleichbare Präsenz scheint Hölderlin dem Adoneus nur in einem weiteren Gedicht eingeräumt zu haben, das er bereits 1799 veröffentlichte: *Hyperions Schicksalslied* (I 265). Hier erscheint der adoneische Fünfsilbler zwar nicht im Titel, dafür aber bei zwei von drei Strophen in der klassischen Klausel-Position (»Heílige Saíten«, »Éwiger Klárheit«). Außerdem zeigen etliche Verse an ihrem Ende Silbengruppen, die zumindest in ›Fuß-philologischer‹ Abstraktion als Präfiguration bzw. Echo des adoneischen Strophenschlusses gelesen werden können (wiewohl der gesamte Bau der Verse eher Bezüge zum alkäischen oder auch lyrischdaktylischen Vers nahelegt): »úns ist gegében«, »schwínden, es fállen«, »leídenden Ménschen«, »Blíndlings von eíner«, »Stúnde zur ándern«, »Wásser von Klíppe«, »Klíppe gewórfen«. Wie um jeden Zweifel auszuräumen, schließt die zweite Strophe – ganz wie Hölderlins Nachbildung der vollständigen sapphischen Strophenform – mit zwei klar markierten Adoneen:

> Blícken in stíller
> Éwiger Klárheit.[23]

Der betont adoneische Charakter dieser Verse stellt eine starke Affinität zur Adoneenhäufung in *Hälfte des Lebens* dar.[24] Beide Gedichte arbeiten mit kurzen, zwei- bis dreihebigen Versen; beide stellen Anfang und Ende des Gedichts antithetisch als Spätsommer vs. Winter bzw. lichtvolles Oben vs. dunkles (blindes) Unten gegenüber. Die Vers für Vers nach hinten wandernde Doppelsenkung des Klopstock-Hölderlinschen Sapphicum kehrt in *Hyperions Schicksalslied* als graphische Verschiebung der Versanfänge wieder. Hölderlin hat eine sapphische Referenz seiner Verse sogar diskret angedeutet, wenn er schreibt:

> Ihr wandelt droben im Licht
> Auf weichem Boden, selige Genien!
> Glänzende Götterlüfte
> Rühren euch leicht,
> Wie die Finger der Künstlerin
> Heilige Saiten.

Welche Lyra spielende Künstlerin kann hier gemeint sein? Der Roman, in den das Lied eingelegt ist, erwähnt ausdrücklich »Sappho« als jene Dichterin der Lyra, von der Diotima und Hyperion »viel sprachen« (III 168). Auch Herder und Schlegel kennen auf die Frage nach *der* lyrischen Dichterin nur eine Antwort: »Sappho«.[25] Diese figuriert in der Poetik um 1800 – wie schon in der antiken Rhetorik – als Inbegriff der großen Dichterin. Sie ist, wie Rilke später formulierte, »die kleine, ins Unendliche hinaus gespannte Gestalt, die alle [...] meinten, wenn sie sagten: die Dichterin«.[26]

Vor Hölderlin hat nur ein anderer Dichter den traditionell mit Sappho assoziierten Adoneus als metrische Dominante ganzer Gedichte verwendet: Goethe. Die frühen Gedichte *Rastlose Liebe*, *Feiger Gedanken* und *Grenzen der Menschheit*[27] tragen nicht nur adoneische Titel bzw. beginnen mit einem Adoneus, sie zeigen auch bereits das für *Hyperions Schicksalslied* charakteristische Phänomen der reinen Adoneenreihung:

> Wie soll ich fliehen?
> Wälderwärts ziehen?
> Alles vergebens!
> Krone des Lebens [...]

Zwischen den beiden Adoneen »Krone des Lebens« und »Hälfte des Lebens« könnte sogar ein motivischer Zusammenhang konstruiert werden. Goethes adoneische Gedichte sind um so denkwürdiger, als Goethe im übrigen – trotz der enormen Formenvielfalt seiner Lyrik – die seit den 1740er Jahren verbreitete, in Klopstock kulminierende und von Hölderlin fortgesetzte Bemühung um die frühgriechischen Odenformen konsequent vermieden hat. Nicht einmal den Versuch einer alkäischen, asklepiadeischen oder sapphischen Ode zu unternehmen: das war Goethes von Beginn vollzogener Bruch mit Klopstock, zugleich die Basis seines mangelnden Verständnisses für Hölderlin. Die Spezialität einiger fast durchgängig adoneischer Gedichte scheint in Goethes Gedichtwerk das einzige Relikt des in Horaz' Oden durchdeklinierten Formenspektrums frühgriechischer Lyrik, zumindest das einzige stark markierte Relikt zu sein. Hölderlins Adoneus ist integraler Teil seiner komplexen Arbeit an den äolischen Strophenformen und auch direkt an eine facettenreiche

Sappho-Rezeption gebunden. Von Goethe ist dagegen keine einzige Äußerung zu Sappho als Lyrikerin überliefert.[28] Und als er F.G. Welckers Schrift *Sappho von einem herrschenden Vorurtheil befreit* (1817) liest – eine Streitschrift, die jede lesbisch-sexuelle Lesart von Sapphos Gedichten verwirft –, da bedauert Goethe, daß diese Schrift nicht in griechischer Sprache verfaßt worden sei, und tröstet sich damit, daß »unsre sittlich reine Sprache« ohnehin über keine passenden Äquivalente »für die griechischen und römischen unziemlichen Begriffe« verfüge. Obwohl Welcker gerade eine strikt anti-lesbische Lesart anbietet, ereifert der geheime Hofrat sich beinahe ausschließlich über den »uns Neuere immer anwidernden Gegenstand«, statt etwa einen davon ungetrübten Blick auf die »gereinigte« Sappho zu begrüßen. Goethes adoneische Gedichte haben, mit seinem eigenen Begriff zu reden, alle Merkmale einer »Manier«, eines isolierten Zugriffs auf ein einziges ›Modul‹ aus einem ansonsten dezidiert gemiedenen Formenkanon. Ihre Technik wirkt wie eine ironische Absage an jeden Versuch einer – wie immer freien – »Nachbildung« der äolischen Maße oder gar einer obliquen Verehrung der Dichterin Sappho; sie stellt demonstrativ die Äußerlichkeit der seriellen Verwendung eines einzigen überlieferten Kolons aus. Trotz oder vielleicht gerade dank dieser polemischen Differenz zu Klopstocks und Hölderlins Projekt hat Goethe einige der prominentesten Adoneen der deutschen Sprache geprägt, allen voran den berühmten Gedichttitel *Selige Sehnsucht*; als ganze reichen seine frühen adoneischen Gedichte gleichwohl nicht entfernt an den Rang von *Hyperions Schicksalslied* und *Hälfte des Lebens* heran. Hölderlin, so ist zu vermuten, hat Goethes freie adoneische Manier der 1780er Jahre ebenso genau rezipiert wie Klopstocks umfassende Arbeit am (horazischen) Formenspektrum der griechischen Lyrik. In jedem Fall dürfte er Goethes Gedichte durch die Ausgabe von Goethes *Schriften* aus dem Jahr 1789 gekannt haben.

Hyperions Schicksalslied kommuniziert insbesondere mit jenem einzigen unter Goethes frühen Gedichten, das nicht nur häufig und höchst auffällig die adoneische Silbengruppe verwendet, sondern zusätzlich sowohl ungereimt wie freirhythmisch ist: *Grenzen der Menschheit.* Wie Hölderlins *Schicksalslied* gilt Goethes Gedicht der Unterscheidung von göttlichem und menschlichem Leben. *Grenzen der Menschheit* läßt diesen Unterschied für den Menschen weitaus günstiger ausfallen als *Hyperions Schicksalslied.* Doch schon Goethes Gedicht verbindet die Verwendung des Adoneus mit zwei Motivkreisen, die zum weiteren antiken Assoziationshorizont des Adoneus gehören und die auch Hölderlins adoneische Gedichte prägen: die relative Schwäche des Menschen – einschließlich des Unvermögens, sich ungeschützt der Sonne auszusetzen, einem Motiv, das die Riten der Adonisgärten mit den Mythen von Ikarus und Phaethon verknüpft – und die Sterblichkeit, die von den Göttern verschiedene Zeitlichkeit aller menschlichen Bestrebungen. Dem Merkmalsbündel freirhythmisch, strophisch, ungereimt und (dominant) adoneisch dürfte außer *Grenzen der Menschheit*, *Hyperions Schicksalslied* und *Hälfte des Lebens* kaum ein weiteres Gedicht der deutschen Literatur, ja der Literatur überhaupt entsprechen. Die metrische Analyse ergibt so eine Reihe, die anders kaum erschließbar wäre: zwei der bekanntesten Gedichte Hölderlins stehen – unbeschadet aller sonstigen Unterschiede – in enger Resonanz mit einer formalen ›Spezialität‹ des frühen Goethe. Und es ist der Bezug auf den sapphisch konnotierten Adoneus, in dem sich die Sprachen Goethes und Hölderlins in den genannten Gedichten auf besonders distinktive Weise berühren. Sowohl motivisch (die Gegenüberstellung von menschlichem und göttlichem Leben) als auch metrisch (die mehrfache Reihung von zwei und mehr Adoneen ohne Interferenz anderer metrischer Einheiten) obwalten dabei die engsten Beziehungen zwischen Goethes *Grenzen der Menschheit* und Hölderlins *Schicksalslied.*

In *Hälfte des Lebens* wird die motivische Gegenüberstellung menschlichen und göttlichen Lebens durch eine Opposition zweier menschlicher Lebensalter ersetzt, und die stärkere

Streuung der Adoneen ähnelt eher ihrer Verteilung in Hölderlins zwischenzeitlich entwickelter Version der integralen sapphischen Strophe. *Hälfte des Lebens* entwächst der Reihe, die zu seiner Vorgeschichte gehört: allein eine dezidiert metrische Lektüre vermag den Zusammenhang noch zu erkennen. Goethe beweist souverän, daß die Bildung lyrischer Adoneen – auch in größerer Zahl – in der deutschen Sprache in einer vorher ungekannten Leichtigkeit möglich ist. In dieser technischen Geschmeidigkeit beerbt Hölderlin den vergeblich geliebten Dichterfürsten. Gegen Goethe setzt er aber Klopstocks Projekt fort und stößt dabei sowohl in neue dichterische wie dichtungstheoretische Regionen vor.

Sappho und Diotima

Schlegel hat Sappho als Muster selbständiger, »freier« Weiblichkeit gepriesen.[1] In dieser Rolle steht der historischen Sappho direkt die ›mythische‹ Diotima aus Platos *Symposion* zur Seite, die Hölderlin in seinem *Hyperion*-Roman sowie in zahlreichen Gedichten obsessiv als ideale Frauengestalt beschworen hat – unter anderem in *Menons Klagen um Diotima*, die unmittelbar das Motiv der sich zum Wasser neigenden Schwäne präfigurieren (II 75). Friedrich Schlegels glänzende Schrift *Über die Diotima* (1795) prägt wesentlich die Züge, die Hölderlin seiner Diotima gegeben hat; erst nach der Lektüre dieser Schrift scheint Hölderlin die zunächst Melite genannte Frauengestalt des *Hyperion* in Diotima umbenannt und zugleich neu konzipiert zu haben.[2] Schlegel porträtiert Diotima mittels einer Serie polarer Doppelqualitäten, die allesamt herkömmliche Oppositionen männlicher und weiblicher Merkmale durchkreuzen: ihre »Gedanken« seien »ebenso umfassend als scharfsinnig, ebenso bestimmt als zart«, ebenso ein großes »Herz« wie einen vorzüglichen »Verstand« bezeugend.[3] Die Suche nach historischen Vorbildern für die »lyrischen Philosopheme der Diotima«[4] und für ihre autoritative Rolle auch in einem männlichen Kontext führt Schlegel – nach Ausschluß der Hetären-Hypothese – zu drei Typen selbständiger Weiblichkeit in der griechischen Antike: die pythagoräischen Frauen, die Spartanerinnen und die »lyrischen Dichterinnen«, unter denen diejenigen von der Insel Lesbos und namentlich Sappho herausragen.[5] Schlegel zitiert die antiken Standardreferenzen allen Sappho-Lobs: »Die schöne Lesbische Sappho nennt Strabo ein Wunder, in der Poesie nähere sich ihr keine andere Frau auch nur von ferne. [...] Die dichterischen Beinamen eines ›weiblichen Homerus‹, einer ›sterblichen Muse‹ sind historische Wahrheit. Sie [...] ward die Stifterin einer Schule des Schönen und der Kunst unter Lesbischen Mädchen.«[6] Die gleiche Verbindung von Schönheit, Selbständigkeit und intellektueller Autorität diagnostiziert Schlegel bei Diotima: er imaginiert sie am Ende seiner Suchbewegungen als eine Frau, in der sich »die Anmut einer Aspasia« mit der »Seele einer Sappho, mit hoher Selbständigkeit vermählt«.[7]

Nach Aelianus hat kein geringerer als Plato die Lesbische Dichterin zugleich »die Weise« genannt[8] – eine weitere Brücke zwischen Sappho und der platonischen Diotima. Diotima, so Schlegel, ist eine ebenso »nothwendige Idee der sokratischen Philosophie wie Madonna der katholischen Religion«.[9] Analoges gilt für Hölderlins Dichtung. Diotima-Sappho ist die weibliche Standardreferenz seiner Dichtung, von Petrarcas Laura vor allem durch das männlich konnotierte Merkmal geistiger Autorität (»weiblicher Homerus«) unterschieden. Sappho, so bekräftigt Hölderlin eine antike Überlieferung, sei die »zehnte Muse« (IV 196), Diotima »die stille Vereinigung unseres Denkens und Dichtens« (III 221). Während Freud und Lacan – nicht anders als die Ästhetik des Erhabenen im 18. Jahrhundert – die Position der Autorität allein als eine männliche Geschlechtsrolle, genauer: als männliche Macht über das Symbolische kennen; während Kristevas

Einführung einer weiblichen (Gegen-)Autorität ganz an den prä- oder transsymbolischen »corps maternel« gebunden ist,[10] zielen Schlegels und Hölderlins insistierende Suchbewegungen im Zeichen von »Sappho« und »Diotima« auf die – scheinbar unmögliche – Position einer weiblichen Autorität im Symbolischen. Im *Hyperion* geraten beide Chiffren gebildeter und musisch-enthusiastischer Weiblichkeit gar in eine Beziehung direkter Thematisierung: Diotima und Hyperion »sprachen viel [...] von Sappho und Alcäus« (III 168). Und als Hyperion zurück nach »Smyrna« segelt – nach Hyginus[11] ist dieser Stadtname direkt von Adonis' Mutter Myrrha abgeleitet, die in mehreren Adonis-Erzählungen Smyrna heißt[12] –, da »war es mir ganz lieb, den Rükweg auf dem Meere an [...] Lesbos hin zu machen« (III 182).

Zwar hat Hölderlin in seinen Gedichten allein Diotima namentlich evoziert; aber auch Sappho ist – trotz der Tilgung des Titels *Sapphos Schwanengesang* – darin nicht ausschließlich durch die sapphische Strophe oder den (wirklich oder vermeintlich sapphischen) Adoneus präsent. Die *Hymne an die Menschheit* und die *Hymne an den Genius der Jugend* referieren wie selbstverständlich auf den Begriff der »lesbischen Gebilde« bzw. der »lesbischen Gestalt« (I 147) und bringen sie mit poetischer »Begeisterung« sowie »der Schönheit weitem Lustgefilde« bzw. »der Schönheit Allgewalt« in Verbindung. Als ›lesbisch-äolische Weisen‹ werden spätestens seit Horaz die Dichtungsweisen der Sappho und des Alkaios bezeichnet – ein weiteres Indiz, daß Sappho auch in der anonymen »Dichterin« des *Schicksalslieds* zumindest anklingen dürfte. Sapphos Lieder gelten in der Tat »der Schönheit weitem Lustgefilde«: den musischen Künsten, den schönen Bräuchen, duftenden Salben und Schmuckgegenständen, schönen Bewegungen und – nicht zuletzt – den schönen Körpern der Mädchen (gelegentlich auch der jungen Männer). Das Begehren dieses Schönen ist beinahe durchgängig von Trauer, ja Verzweiflung eingefärbt. Entweder hat sich das Schöne dem für es entflammten »Ich« bereits entzogen oder es widersteht der Werbung, oder es wird als eines dargestellt, das in nächster Zukunft Sappho verlassen wird; oder es wird aus der Perspektive der ihr Altern beklagenden Dichterin als ein grundsätzlich Vergangenes und nurmehr zu Erinnerndes imaginiert. Die rituelle Klage um Adonis, in welcher die historische Sappho-Rezeption zugleich die metrische Struktur der sapphischen Strophen-Klausel wiedererkannt hat, ist insofern in der Tat eine Grundfigur der sapphischen Dichtung selbst: der Jüngling, Sohn der Myrrha und mythologisch vielfach auf den erotisierenden Myrrhenduft bezogen,[13] konnotiert unwiderstehliche Schönheit, aber zugleich Schwäche – physische, teilweise auch ›moralische‹ – und frühzeitigen Tod mit der Folge der Unbesitzbarkeit durch die begehrende Aphrodite.

Hölderlins Sappho

Als Hölderlin 1799 »eine poëtische Monatsschrift herauszugeben« plant, erscheint Sappho sogleich an zweiter Stelle der Autoren, deren »Leben« und »eigentümlicher Kunstkarakter« in »Aufsäzen« untersucht werden soll: »Homer, Sappho, Aeschyl, Sophokles, Horaz, Rousseau, (als Verfasser der Heloise), Shakesspear« (VI 323). Der Kanon dieser Autoren bezeugt Hölderlins starke Affinität zur Literaturkritik Herders und Friedrich Schlegels. Der frühe Aufsatz *Geschichte der schönen Künste unter den Griechen* läßt mehr als nur ahnen, was Hölderlin eventuell in der niemals publizierten Zeitschrift über Sappho geschrieben hätte. Herder hatte in der »zarten Glut« des »sapphischen Feuers«[1] zwar eine Mischung von »Stärke und Milde, Schwung und Senkung« bemerkt,[2] den Akzent aber vorrangig auf die ›weibliche‹ Sanftheit gelegt. Hölderlin dagegen betont den »kühnen männlichen Geist«, der sich in ihrem »Gesang erhebt«, nicht die Sanftheit, sondern gerade die »unnachahmliche Heftigkeit« und die

»hinreißende« Gewalt der »Darstellung, mit welcher Sappho ihre Empfindungen schildert« (IV 196-197). Sappho hat das Pathos des erotischen Situations-Gedichts ebenso wie dasjenige der Erinnerung an Glanz und Schönheit der eigenen Jugend sowie der akuten Reflexion auf das eigene Altern[3] nachhaltig und maßgeblich geprägt. Kombiniert man die beiden zuletzt genannten Bestandteile von Sapphos lyrischem Kosmos, so ergibt sich bereits annähernd die basale Opposition von *Hälfte des Lebens*. Hölderlins Akzent auf Sapphos »kühnem männlichen Geist«, der »sich im Gesange erhebt«, geht mit einer gleichzeitigen Betonung ihrer Weiblichkeit einher (»ein Weib, wie sie war«); er darf also nicht als Behauptung einer Irrelevanz der Geschlechtsrollen für das Phänomen verstanden werden.

Hölderlins Blick auf Sapphos »Leben« stellt dem »kühnen« Feuer ihrer Gedichte ein deprimierendes Bild ihrer privaten Existenz zur Seite. Mit Rücksicht auf Sapphos vorübergehende Vertreibung aus ihrer Heimatstadt, die regelmäßig durch Trennung zerrissene Liebe zu den Mädchen ihres Kreises, die vermeintliche Zurückweisung durch den Adonis-gleichen Phaon und die Fabel ihres selbstmörderischen Sprungs vom Leukadischen Felsen porträtiert Hölderlin eine durch und durch »unglückliche« Gestalt. Während Schlegel den Eros der sapphischen Gedichte mit einer lakonischen Geste romantischer Liberalität vor jeder »Verläumdung« verwahrt,[4] setzt Hölderlin auf einen paradoxen Umschlag von Mitleid in Bewunderung:

Sappho ist von den meisten Critikern und Litteratoren hart beurtheilt worden. Wer wollte aber einem Weibe, wie sie war, jezt noch Ausschweifung vorwerfen; wer bemitleidet sie nicht lieber, wenn sie von ihrem Volke geschmäht, von Phaon verlassen und verachtet, aus ihrem Vaterlande flieht! wenn sie, deren Talente und Bildung sie so viel zu fordern berechtigten, sie, die sich über tausend ihrer Zeitgenossinnen erhaben sah, von jeder Freude des Lebens ausgeschlossen, von keiner Seele bedauert, im Gedränge des Mißgeschicks und der Leidenschaft sich vom Felsen stürzt! Wer bewundert sie nicht lieber, wenn er sieht, wie, ungeachtet ihrer niederdrückenden Schiksaale, ihr kühner männlicher Geist sich im Gesange erhebt, wie sie mit solcher unnachahmlichen Heftigkeit ihre Empfindungen schildert, und doch dabei so genau, wie der kalte Beobachter, jede kleine Bewegung derselben belauscht. Wer bewundert sie da nicht lieber, als daß er ihr Laster vorwirft, die entweder helle Schmähungen oder unwillkürliche Äußerungen ihrer unglücklichen Liebe sind. (IV 196)

Den Topos von Sapphos homosexuellem Begehren (»Ausschweifung«) sucht Hölderlin mit einem doppelten Argument zu entkräften. Entweder ist der Topos eine reine »Schmähung«; dann sind alle Vorwürfe nichtig. Oder der Topos[5] trifft zwar zu, er deutet aber unschuldige, weil »unwillkürliche Äußerungen ihrer unglücklichen Liebe« in schuldhafte ›perverse‹ Praxis um; dann sind alle darauf gerichteten Vorwürfe gleichfalls nichtig. Die einzige vollständige sapphische Ode Hölderlins macht genau diese Unschuldsbehauptung: sie ist geradezu eine Ode an die »heilige Unschuld« (II 44). Die Verse »aber wie rein ist,/ Reine, dir alles« können im symbolischen Medium der sapphischen Form gleichzeitig als Apostrophe an die vermeintlich ›unreine‹ Erfinderin dieser Form gelesen werden. Alles höhere »Deuten und singen«, so will es das Gedicht, bezieht seine Kraft aus einer radikalen Offenheit, welche die Dichter zu »Vielerfahrenen« macht und sie gleichzeitig »staunen[de]« Kinder bleiben läßt.[6]

Ob (sexuell) unschuldig oder nicht, die »vielerfahrene« Sappho war für Hölderlin vor allem eines: »unglücklich«. Sie, »deren Talente und Bildung sie so viel zu fordern berechtigten«, sei buchstäblich »von jeder Freude des Lebens ausgeschlossen« und »von keiner Seele bedauert« gewesen – das bare, »niederdrückende« Unglück, eine deprimierende Existenz, die sich letztlich auch durch ihre herausragenden schriftstellerischen Leistungen nicht zu retten vermochte. In solchen tieftraurigen Formeln wird Sapphos *vita* ununterscheidbar von Hölderlins brieflicher Selbstbeschreibung – wie überhaupt Hölderlins Beschäftigung mit Sappho etliche Züge von Identifikation zeigt. Auch die Beschreibung der

Verse, die Sappho ihrer unglücklichen Existenz abgetrotzt habe (IV 196-197), gilt mindestens ebenso sehr Hölderlin selbst wie der sapphischen Ode. Die Verbindung von Heftigkeit und kalter Beobachtung entspricht genau Hölderlins Poetik einer Konfiguration von »Begeisterung« und »Nüchternheit« (»Besinnung«) (IV 233) – eine gespannte Konfiguration, auf die das sapphisch-adoneische Gedicht *Hälfte des Lebens* in dem Prädikat »heilignüchtern« anspielt.[7]

Schließlich treffen sich Sappho und Hölderlin in einem hochdistinktiven Rezeptionsphänomen: anders als Pindar, Alkaios oder Horaz, ja anders als fast alle anderen berühmten Lyriker der Literaturgeschichte, sind Sappho und Hölderlin ihrerseits zum Gegenstand fiktionaler Literatur geworden. Legenden und Dichtungen um und über Sappho sind von der Antike bis heute breit gestreut; besonders reich ist das Spektrum der Sappho-Dichtungen im 18. und 19. Jahrhundert.[8] Die wirkliche oder imaginäre vita eines Pindar oder Horaz hat keine solche phantasmatische Anziehungskraft freigesetzt, obwohl die Werke dieser Autoren insgesamt weit einflußreicher als dasjenige Sapphos waren. Hölderlin ist vielleicht der einzige neuere Dichter, über den schon zu Lebzeiten Erzählungen geschrieben worden sind, welche seine dichterische Größe und sein privates Elend in effektheischenden Mischungen aus biographischen Daten und Fiktion in Literatur verwandelt haben.[9] Wohl nicht zufällig hat das Faszinosum der Personen bzw. Autoren mit Namen »Sappho« und »Hölderlin« ähnliche Ingredienzien: im Zeichen beider Namen geht die Vorstellung höchster lyrischer Autorität eine innere Verbindung ein mit unglücklicher Liebe, zerreißendem Schmerz und Selbstmord bzw. Wahnsinn. Wäre diese brisante Mischung auch bei Hölderlin noch durch das zusätzliche Merkmal sexueller Transgression (Homo- bzw. Bisexualität) angereichert, hätte die fiktionale Literatur rund um den Namen »Hölderlin« vielleicht ein ähnliches Ausmaß wie diejenige zu »Sappho« erreicht. Gleichviel wie mittelmäßig, schlecht, ja kitschig diese Erzählungen ausgefallen sind, sie markieren ein integrales Moment des Hölderlin-Bildes am Ende seines Lebens – und zwar eines, dessen topische Affinität zu den Sappho-Legenden rezeptionsgeschichtlich nicht so sehr einer Korrektur als einer vollständigen Verdrängung durch den Siegeszug des pindarischen Hölderlin-Bildes verfallen ist.

Vom Adoneus zu Adonis: *Hälfte des Lebens* als Reformulierung der antiken Schönheitsmythe

Was ist mit der Entdeckung gewonnen, daß *Hälfte des Lebens* formal wesentlich vom (sapphischen) Adoneus geprägt ist? Die metrische Diagnose eröffnet zugleich neue Perspektiven auf Bildfeld, Sachgehalte und innere Dynamik des Gedichts. Hölderlin ruft mit rhythmischen Mustern regelmäßig die »Sphären ihrer Entstehung, Funktion und Wirkung« auf. Metrische Zitate stellen insofern »ein bedeutendes fiktionales Verfahren« dar[1] – eines allerdings, das ungleich weniger untersucht worden ist als historische und mythologische Anspielungen herkömmlicher Art.

Die Polarität von *Hälfte des Lebens* entspricht genau der von Panyassis berichteten Polarität im Leben des Adonis.[2] Aphrodite hatte Adonis nach seiner Geburt wegen seiner Schönheit in ihre Obhut genommen; die Sorge um sein Heranwachsen hatte sie aber umgehend Persephone übertragen. Diese wollte am Ende den schönen Jüngling aber nicht wieder herausgeben. Zeus mußte den Streit schlichten: er sprach Adonis für einen Teil des Jahres Persephone und damit der Unterwelt zu, für einen anderen erhielt dagegen Aphrodite ihr Recht.[3] Das Fest des Adonis markiert das jährlich wiederkehrende Ende der einen Hälfte seines Lebens; es beklagt zugleich die bittere Notwendigkeit einer anderen »Hälfte des Lebens«. Adonis ist, so gesehen, eine Gestalt, die nicht nur einmal, sondern periodisch die »Hälfte des Lebens« erreicht. Eine in der Antike verbreitete Deutung der beiden polaren Räume und Zeiten des Adonis identifiziert sie mit denjenigen von Sommer und Winter.[4] Das Adonis-Fest inszeniert, wie Hölderlins Gedicht, imaginär den Umschlag vom einen ins andere: die Flora der Adonis-Gärten und die Bilder des schönen Gottes werden am Scheitelpunkt des Sommers hinab zum Wasser getragen. Der Akt des Hineinwerfens, eine symbolische Wasserbestattung, evoziert mit der Abwesenheit seiner Schönheit zugleich den bevorstehenden Anbruch der kalten Jahreszeit. »Wehe«-Klagen begleiten diesen imaginären Umschlag, dessen entscheidende räumliche Markierung die Wasseroberfläche als Grenze von Ober- und Unterwelt ist.

Adonis-Mythos und Hölderlins Gedicht stimmen auch darin überein, daß die Abwesenheit des Adonis bzw. der späten Sommerschönheit wesentlich als das Fehlen von Blumen verstanden wird. Nicht nur ist das ›Blühen‹ des Adonis floral konnotiert, seine metamorphotische Repräsentanz ist auch direkt eine Blume, die Anemone oder Adonisblume.[5] Theokrit schildert sein rituelles Bild als mit Früchten und Blumen geschmückt.[6] Bion bietet sogar eine Variante, in der auch die »Rosen« der ersten Strophe von *Hälfte des Lebens* vorkommen: die Anemone erklärt Bion als Metamorphose von Aphrodites Tränen um Adonis; aus dessen eigenem Blut seien dagegen Rosen hervorgegangen.[7] Das rhythmische Muster überlagert sich vielfach mit seinem semantischen Horizont: Im Medium des Adoneus wird erneut der Mythos von der leuchtenden Präsenz und der traurigen Abwesenheit der Schönheit ›erzählt‹. Insofern kann das metrische Hypogramm nicht nur als Einschreibung *eines* Adoneus, sondern genauer *des* namengebenden Adoneus – eben Sapphos Vers *ô ton Adônin* (»wéhe Adónis«)[8] – gelesen werden. Als solche Entfaltung eines latenten Wortes bzw. Eigennamens kann Hölderlins Einschreibung des Adoneus auf Saussures Theorie der im Vers ebenso versteckten wie durchgespielten »Wörter unter Wörtern« bezogen werden.[9]

Während in *Hälfte des Lebens* nur das Wahrnehmen der metrischen Anspielung in Titel, Gedichtschluß und einigen weiteren Verspositionen die mythische Referenz lesbar macht, wird die Adonis-Klage im *Hyperion* auch direkt evoziert. Angesichts des Todes der schönen Diotima wendet sich Hyperion unversehens an Aphrodite: »Es ist alles vorbei; und wenn ich auch gleich weinen könnte, schöne Gottheit, wie du um Adonis geweint hast, doch kehrt mir meine Diotima nicht wieder« (III 151). Ein Brief an Neuffer von Mitte April 1794 zitiert ebenfalls den Adonis-Mythos. Hatten schon barocke Adonis-Versionen den schönen Jüngling nicht nur zum Schäfer, sondern auch zum Dichter gemacht, figuriert Adonis in diesem Brief geradezu als Prosopopöie des Gedichtes selbst (VI 113). Gottfried August Bürger hatte 1789 in seinem *Hohen Lied von der Einzigen* die eigene Gedichtproduktion als männlichen Geburtsakt, sein ›Kind‹ als schönen »Adon« gerühmt.[10] Diese platte Allegorie scheint Hölderlin immerhin so sehr beeindruckt zu haben, daß er sie sich in mehrfacher Entstellung zu eigen macht. Bürger spricht sich die Vaterschaft an einem schwanenschönen Lied zu – wobei er auch mehrfach das Prädikat »hold«, das Hölderlin in *Hälfte des Lebens* den Schwänen verleiht, in Formen wie »Huld« und »Holdin« verwendet. Dieses Schwanenlied, so Bürger, sei ein »Sohn« mit dem »Meistersiegel / Der Vollendung an [der] Stirn«: »Schön, ein geistiger Adon«. Hölderlin dagegen reklamiert keinerlei Vaterschaft für sich selbst. Er delegiert sie an den »Frühling« und erfindet – um die mythische Genealogie zu vervollständigen – auch noch eine Mutter hinzu, die »Freundschaft«. Der Dichter selbst ist im übrigen nicht für das Gelingen, sondern vor allem für die Schwächen der Liederzeugung verantwortlich. Denn nur dem eigenen schreibenden Anteil an der allegorischen Hochzeit scheint Hölderlin es zuzuschreiben, daß statt eines »Adon«, der angesichts der strahlenden Schönheit der Eltern hätte erwartet werden können, nur ein »armer Schelm« herausgekommen sei. Der Nachsatz zeigt indes, daß Hölderlin die Allegorie keineswegs vollständig für ein schriftstellerisches Selbstlob aufgibt. Hinter der Figur der Selbstverkleinerung melden sich vorsichtig Ansprüche auf Zufriedenheit mit dem eigenen Part an: »Übrigens bin ich zufrieden wenn nur eine ganz kleine Spur seines Vaters und seiner Mutter merkbar ist in ihm.« Nach der Logik der allegorischen Zeugungsgeschichte heißt dies auch: wenn das Gedicht zumindest eine »kleine Spur« eines »Adon« hat.

»Es ist alles vorbei; und wenn ich auch gleich weinen könnte, schöne Gottheit, wie du um Adonis geweint hast, doch kehrt mir meine Diotima nicht wieder« (III 151). Hyperion nimmt in dieser Klage die Position Aphrodites ein, die gebildete Diotima diejenige des sprachlosen Adonis. Hölderlin inszeniert damit einen Wechsel der Geschlechterrollen, der wesentlich zur zeitgenössischen Vorstellung Sapphos ebenso wie Diotimas gehört. Auch *Sapphos Klagegesang* (*Thränen*) spricht, wörtlich genommen, aus der weiblichen Position – ebenso wie das »ich« von *Hälfte des Lebens*, in der adoneischen Evokation der zum Verschwinden verurteilten (Adonis-) Schönheit, weiblich konnotiert ist (allein Frauen haben die antiken Klageriten um Adonis vollzogen). In der männlich-pindarischen Rolle des ›Dichter-Sehers‹, die seit Hellingrath das gesamte Hölderlin-Bild prägt, hat diese Sprechrolle keinen Platz. Ulrich Gaier befindet sich in Übereinstimmung mit dem verbreiteten Hölderlin-Bild, wenn er in einem Aufsatz über »Hölderlins Weg zu den Griechen« nur das Studium von »Platon, Homer, Sophokles und [...] Pindar« erwähnt. Sappho gilt durchweg nicht als eine von Hölderlins »Musen«.[11] Dem entspricht, daß Hölderlins längstes Gedicht – *Emilie vor ihrem Brauttag* (I 277-297) – in aller Regel schlechthin nicht zum Begriff seiner Dichtung gehört. Hölderlin unternimmt darin das Wagnis, mittels in Verse gesetzter Briefe einer jungen Frau an ihre engste Freundin Gedanken und Gefühle einer pränuptialen Situation ganz aus der Binnenstruktur weiblicher Intim-Kommunikation darzustellen. Eben diese Situation (bevorstehende Heirat) und dieser Gegenstand (die Kommunikation darüber im Kreis der

Frauen) machen vielfach Anlaß und Gehalt von Sapphos Oden aus. Hölderlins Zeitgenossen hatten noch ein Sensorium für solche dezidierten Versetzungen in weibliche Sprechpositionen: sie attestierten ihm eine »sanfte Empfindung und gefällige Weiblichkeit« (VII 4, 12), eine »weibliche Stimmung«, ja »einen überwiegend weiblichen Charakter den er in die Natur hineinlegt« (VII 4, 125).

Hyginus hat das adoleszente und das erwachsene männliche Schönheitsideal der Antike in den Listen der »formosissimi ephebi« und der »formosissimi viri« strikt getrennt.[12] Der Katalog der »formosissimi ephebi« wird von Adonis angeführt und nennt auch Endymion, Ganymed, Hyakinthos, Narcissus und Hermaphroditus. Die Ästhetik der deutschen Klassik hat sich allein an einigen der »formosissimi viri« orientiert, allen voran an Achill.[13] Die antiken Jugendschönheiten dagegen sind – nach ihrer Karriere in Renaissance und Barock – in neueren Zeiten zuerst ein romantisches Phänomen. Friedrich Schlegel sieht in der Adonis-Erzählung eine »Centralnovelle«[14] und bestimmt die Struktur der Dichtung überhaupt durch die Transformation der Narcissus-Erzählung in eine Theorie der »schönen Selbstbespiegelung«;[15] Novalis schreibt ein Märchen von »Hyacinth«, Keats seinen *Endymion* und Shelley den *Adonais*. Schlegel fasziniert am Adonis-Mythos vor allem »die weibliche Männlichkeit«[16] und die männliche »Weiblichkeit«:[17] die Frau ist in der Venus-Adonis-Beziehung die aktiv Begehrende, die Erfahrenere und Ältere, eine starke, dominante, ja phallische Frau, während der schöne, eher zarte (*habrós*) und sexuell zurückhaltende Jüngling wenig mehr als die Projektionsfläche weiblichen Begehrens darstellt. Kraft dieser umkehrenden Suspension dominanter Geschlechtsrollen dient der Mythos sowohl als Vorbild von Schlegels eigener *Lucinde*[18] wie als Parallelphänomen zu Novalis' Roman »Ofterdingen«.[19] Als »schönes Symbol hoher Wehmut«[20] wiederum konfiguriert die Adonis-Erzählung die genuin romantische Verbindung eines »sentimentalischen« Bewußtseins des unversöhnlichen Konflikts von »Idealität« und »Realität« mit einer zugleich schmerzlichen und lustvollen Anerkennung ebendieser Situation. Hinzu kommt, daß die romantische Poetik wesentlich eine Poetik der Kindheit und der Adoleszenz ist – was wiederum die »ephebi« über die »viri« erhebt. Hölderlin sperrt sich auch in dieser Hinsicht der alternativen Zuordnung zu klassischen oder romantischen Präferenzen: Achill bleibt für ihn das (klassische) Muster männlicher Schönheit (KT 14, 51-55) – doch zugleich schreibt Hölderlin sich durchaus in die anti-klassische Sequenz der Adonis-Variationen ein.

Traut man Hölderlins Zeitgenossen, so hat er in der entscheidenden Liebesgeschichte seines Lebens selbst die Rolle eines Dichter-Adonis gegeben, dem eine ältere Frau nicht widerstehen konnte. Vier Wochen vor Hölderlins Tod erschien in Paris ein denkwürdiger Nachruf, der einem längst topisch gewordenen Überlieferungsmuster in fiktiver Vorwegnahme seine angestammte symbolische und rituelle Heimat gibt, nämlich den Moment der Erinnerung an ein unerhört schönes, aber totes Objekt weiblichen Begehrens:

Dans ces belles années, c'était un charmant jeune homme d'un caractère fort doux, [...] avec la plus jolie figure et une expression ravissante dans le regard, qu'il conserva jusqu'à l'extrême vieillesse: ce farouche titan avait une grâce toute féminine. [...] Figurez-vous notre précepteur, tel que nous le connaissons: beau garçon, musicien, malade de poésie et d'amour, avec son air de rêverie souffrante et le charme irrésistible de son regard; puis auprès de lui, et sous le même toit, la mère de son élève, belle encore, aux sens ardents, qui [...] trouve dans le dangereux jeune homme tout ce qui peut ravir le cœur et la pensée; et vous devinez facilement ce qui arriva. (VII 4, 214-217)

In diesen schönen Jahren war [Hölderlin] ein bezaubernder junger Mann von sehr sanftem Charakter [...] mit dem hübschesten Gesicht und einem hinreißenden Ausdruck im Blick, den er bis in sein höchstes Alter bewahrte: dieses wild-titanische Genie hatte eine ganz weibliche Anmut. [...] Man stelle sich unseren Hauslehrer vor, wie wir ihn kennen: ein schöner junger Mann, Musiker, krank vor Poesie und Liebe, mit seiner Ausstrahlung leidender Träumerei und dem unwiderstehlichen Reiz seines Blicks; sodann in seiner Nähe, im gleichen Haus, die Mutter seines Zöglings, noch immer schön, mit brennenden Sinnen, in dem gefährlichen jungen Mann alles findend, was Herz und Gedanken hinreißen kann; und man errät leicht, was passiert ist.

Noch im zweiten und dritten Jahrzehnt seines Wahnsinns äußern Besucher Hölderlins regelmäßig ihr Erstaunen über die erhaltene Schönheit seiner Gesichtszüge.[21] Der lange Hölderlin-Eintrag im Brockhaus von 1833 hält diese ›Auszeichnung‹ durch »eine seltene Schönheit des Aeußern« (VII 4, 272) entsprechend für eine relevante Information. Lexika des 20. Jahrhunderts haben diese Information ›abgewählt‹; sie paßt nicht zum priesterlich-pindarischen Bild des Dichters. In den Novellen, die Hölderlins Leben schon in seinen letzten Jahren zum Gegenstand von Literatur gemacht haben, erscheint er dagegen noch ohne Umschweife als jemand, »den alle Gefährten seiner Schönheit und seiner Griechen-Begeisterung wegen lieben« (VII 4, 298), ja »dessen Körper eine wunderbare, wahrhaft ertödtende Schönheit schmückte« (VII 4, 304). Die Liebe der sozial höhergestellten und älteren Bankiersfrau Susette Gontard zu dem schönen Hauslehrer und Dichter erscheint so als eine zumindest entfernte Travestie der Beziehung von Aphrodite und Adonis.

Das antike literarische Vorbild aller späteren Adonis-Klage ist Bions eindrucksvoller *Epitaphios Adonidos*. Ronsards, Marinos und Lafontaines Adonis-Texte variieren direkt Bions Poem, das Wilamowitz als unerhört modern, ja romantisch bezeichnet hat;[22] auch in Shakespeares *Venus and Adonis* finden sich, bei aller Dominanz der ovidischen Vorlage, Anklänge an Bion. Etwa 15 Jahre nach Hölderlins *Hälfte des Lebens* kehrt die Adonis-Darstellung in Shelleys *Adonais* (1818) auf Bions Adonis-Klage zurück; Keats *Endymion* von 1821 gibt der Klage um Shelleys Tod vollends die Form einer durchgeführten Variation von Bions Adonis-Epitaph. Zehn Jahre zuvor hatte Creuzers *Symbolik und Mythologie der alten Völker* (1811-12) den zeitgenössischen Stand des Wissens um Adonis formuliert. Als Creuzer versucht, den eigentümlichen, Schönheit und Tod irritierend überblendenden Eindruck der überlieferten griechischen Adonis-Klagen wiederzugeben, ergibt sich unversehens ein Bild, das der Szene von Hölderlins Gedicht frappierend nahekommt. Blumen sowie weiche Baumfrüchte, die zwanglos an Hölderlins Birnen denken lassen, werden ebenso beschworen wie Phänomene des Hängens von Pflanzen, des Neigens des »Haupts«, des Hinabsteigens und Hinsterbens der Natur in ihrer größten Schönheit und Fülle:

> Hier ist der gewürzige Blumenduft, die weichere Baumfrucht, das hangende Blatt der Pflanzen, [. . .] das gesenkte Haupt des verblichenen Lieblings, das gewählte Bild der vollen Höhe der Sonne, aber auch ihres Hinabsteigens vom Gipfel, ihres Dahinschwindens und Ersterbens. Dies ist ohngefähr der Eindruck, den einige Adonische Festgesänge Griechischer Dichter auf uns machen.[23]

Sogar die Schwäne fehlen in Creuzers Bild nicht; sie geraten über das Mittelglied Aphrodite, die Adonis liebt und über ein Schwanengespann gebietet, metonymisch ins Vorstellungsfeld des Adonis hinein: »Auch die Schwäne gehören hierher. Ein Vasenbild zeigt uns [Adonis] auf einem von Schwänen gezogenen Wagen.«[24] Was das Bildfeld der Adonis-Klage in Hölderlins Gedicht allerdings beinahe so unlesbar macht wie ihre metrische Struktur, ist das völlige Fehlen des personal-figuralen Zentrums des Mythos wie des Kults. Zwar mag das sprechende Ich die Rolle der klagenden Frau einnehmen; die Gestalt des Adonis selbst ist aber ganz in ein apersonales Bild der Natur aufgelöst. Selbst diese Defigurierung kann sich allerdings auf eine antike Auffassung des Adonis berufen, wonach er nichts anderes sei als eine Allegorie der Vegetation, des Blühens und Vergehens der Natur.[25] Hölderlin de-allegorisiert insofern die adonische Szene; er verschiebt bereits ihre Bildwerte auf dasjenige, wovon sie nur die bedeutende Figur sein sollten. Diese Tilgung oder dieser Kurzschluß der allegorischen Dualität herkömmlicher Art trägt wesentlich zur raffinierten ›Einfachheit‹ und Konkretheit des Gedichts bei. Beide sind nicht so sehr Effekte eines direkten Zugriffs auf Phänomene der Natur als vielmehr einer tiefreichenden Umwälzung von Hölderlins dichterischer Sprache. Diese mußte eine fast zwanzigjährige Entwicklung von enormer Dynamik durchlaufen, bevor zum erstenmal »gelbe Birnen« und »wilde Rosen« mit so viel Eigengewicht in ihr evöziert werden konnten. Klinisch betrachtet, hat erst der schizophrene Schub nach der Rückkehr aus Bordeaux, also die Sprache der Jahre 1801 bis 1804, solche Phänomene – auch in den großen *Gesängen* – ermöglicht. Eine ältere Arbeit zitiert das Beispiel:

> [...] Und von Krokus und Thymian
> Und Korn gab mir die Erde den ersten Straus. (II 56)

und vermerkt »eine Art Schrecken« angesichts solcher Verse. Denn der »Kenner der Hölderlinschen Sprache« spüre, daß nur eine »Katastrophe«, eine grundlegende Umwälzung der »Einstellung« auf die Sprache einem solchen »Benennen konkretester Einzelheiten« sein Gewicht geben konnte.[26] Auch ohne Verweis auf den Wahnsinn gilt, daß in Hölderlins Sprachwelt das scheinbar einfache Setzen und Nennen natürlicher Realien, die bei aller Sparsamkeit der Beschreibung allein kraft ihres sprachlichen Modus höchst konkret wirken, wie von weither gekommen erscheint. Die Worte (»gelbe Birnen«, »wilde Rosen«) sind mit einem gewaltigen Hof von Ungesagtem, von zurückgelegter Entfernung, von Leid, Anstrengung und Glück ihres Erscheinens umgeben.

Obwohl kein schöner Jüngling auf der Szene erscheint, wird mit der Ästhetik der Adonis-Klage zugleich eine andere Leitfigur im Denken des Schönen heraufbeschworen – eine, die bereits in der Antike und vollends bei Shakespeare mit Adonis zusammengedacht worden ist: Narcissus.[1] Für alle Leser, die nicht dem Adoneus nachgehen, ist der Bezug auf Ovids Narcissus-und-Echo-Episode sogar das erste und leichter erkennbare Datum einer vergleichenden mythologischen Ikonographie des Gedichts. Das Hängen in den See – Schönheit, die sich zu einer Wasseroberfläche neigt – ist das zentrale Geschehen an der von Ovid beschriebenen makellosen Quelle. Narcissus steht nicht an dieser Quelle, er beugt sich zu ihr herab. Bei Hölderlin bestimmt diese Abwärtsneigung eine ganze Serie von Phänomenen: gelbe Birnen, wilde Rosen, ja das »Land« überhaupt und die »holden Schwäne«. Sie alle scheinen sich im Wasser spiegeln und sehen zu wollen.[2] Sogar die Syntax ist von dieser ›trunkenen‹ Tendenz zum Hängen erfaßt: die Apostrophe »Ihr holden Schwäne« ›hängt nach‹, ist bis an das Ende des Satzes verrutscht. Sofern alle ›Objekte‹ der ersten Strophe sich zur Oberfläche des Sees neigen,[3] ist das »Tunken« der Schwäne – das Berühren und Durchkreuzen der Grenze von Ober- und Unterwelt mit ihrem »Haupt« – das Telos und herausragende Ereignis der ersten Hälfte des Gedichts. Schon rhythmisch liegt ein besonderer Akzent auf »tunkt«: es ist der erste und einzige auftaktlose Versanfang der ganzen Strophe. Der Binnenreim mit »trunken« verstärkt diesen Akzent. Die Responsion des »und trunken« mit dem »und voll« in Vers 1 teilt im übrigen nachträglich – über die Vorstellungsbrücke trunken = voll – bereits dem herabhängenden »Land« ein Moment der Trunkenheit mit.

Nach Platos *Phaidon* ist gerade der schönste Schwanengesang ein Lied von der Imminenz des Todes; er signalisiert zugleich die Bereitschaft, in ein höheres und besseres Leben einzutreten.[4] Hölderlins Vers »Ich soll mein Schwanenlied am

Grabe singen«[5] zitiert den platonischen Topos ebenso direkt wie der Gedichttitel *Sapphos Schwanengesang*. Bei Plato konnotieren das makellose Weiß und die Schönheit der Schwäne Sokrates' moralische Reinheit; wegen ihrer mantischen Kraft werden die Schwäne ausdrücklich Apollo zugeordnet – eine Rolle des Sehertums, die mit Hölderlin mehr als mit irgendeinem anderen Dichter der Neuzeit assoziiert wird. Horaz' Selbstbeschreibung als Dichterschwan,[6] nach Platos *Phaidon* die zweitberühmteste Quelle der poetologischen Schwanen-Ikonographie, hat so viele Variationen gefunden, daß Michael Jakob den Schwan geradezu als das »Dichtersymbol par excellence« behandeln konnte.[7] Unter Hölderlins literarischen Vorbildern ist kein Mangel an guteingeführten Dichterschwänen. Pindar hat spätestens seit Horaz den Namen des »Dirkäischen Schwans«.[8] Herder spricht in seiner *Terpsichore* (1795) von den »Schwanenflügeln des Gesanges«,[9] druckt unter dem Titel *Schwanengesang des Dichters* ein Gedicht Jakob Baldes ab[10] und entbietet Klopstock – neben Pindar das zweite große literarische Vorbild des ›reifen‹ Hölderlin – die folgende Adresse: »In Deinen Gesängen bist du ein Schwan worden, dessen Stimme nur mit den letzten Tönen unsrer Sprache verklinget.«[11] Eines der zahlreichen Schwan-Dichter-Embleme aus Renaissance und Barock[12] schreibt dem stolzen Vogel eine besondere Furchtlosigkeit gegenüber Blitzen zu[13] und präfiguriert damit Hölderlins Anspruch, »unter Gottes Gewittern [...] mit entblößtem Haupte zu stehen« (II 119). Hölderlin selbst erwähnt Bürgers *Hohes Lied*, das sich zugleich als »Adon« und als schönen Schwan bezeichnet (VI 113).

Der philologisch gelehrte Leser mag diese konventionelle Topik abrufbereit haben; Hölderlins Gedicht arbeitet aber gerade *gegen* das erfolgreiche Einrasten dieser Assoziationen an.[14] Drei Widerstände sind es, mittels deren das Gedicht den Schwan höchst wirkungsvoll dekonventionalisiert. Der erste ist seine Versetzung in den Plural. Emphatische Dichter-Beschreibungen können den Schwan in der Regel nur im Singular gebrauchen, da sie die Einzigartigkeit eines jeden Dichter-Schwans – gelegentlich unter Verwendung individualisierender Epitheta wie »Dirkäischer Schwan« (Pindar) oder »neuer Schwan« (Du Bellay, Ronsard)[15] – zu betonen pflegen. Zweitens erschwert Hölderlin jede einfache Identifikation der Schwäne mit der Bedeutung »Dichter« dadurch, daß das sprechende Ich den geschilderten Schwänen gerade als bloße Beobachtungsinstanz gegenübersteht. Und schließlich ist es für die traditionelle Dichter-Schwan-Topik charakteristisch, entweder ganz auf die Illusion eines ›realistischen‹ Schwans zu verzichten (wie Horaz) oder den landschaftlichen Kontext so zu konventionalisieren, daß die lesende Identifikation der Bedeutung beinahe unvermeidlich wird. Nicht so Hölderlin: die Schwäne passen nahtlos in ein hochindividuelles Landschaftsbild, und es fällt dem unvoreingenommenen Lesen kaum ein, in den Plural-Schwänen noch irgend etwas anderes als eben »Schwäne« zu sehen.

Dennoch evozieren auch Hölderlins Schwäne mehr als nur residuale semantische Energien, die in das Bedeutungsfeld idealer Fülle passen. Das Küssen der Schwäne – ein in der Topik des Schwans kaum je benutztes Element – bestimmt die Zeit der ersten Strophe unzweideutig als eine Zeit der Liebe. Das Attribut »hold« unterstützt mittels der Bedeutung des Zugeneigt-Seins diese erotische Denotation der Schwäne.[16] Zugleich enthält »hold« eine diskrete Anspielung auf Hölderlins eigenen Namen und bietet damit zumindest eine schwache Erinnerungsbrücke zur topischen Rolle des dichtenden Schwans an. Diese erfährt des weiteren eine negative Darstellung von der zweiten Strophe her: da Sprachlosigkeit eines der Hauptmerkmale des Gegenbilds ist, erscheint die erste Strophe um so nachhaltiger als ein Bild nicht nur des Reichtums, der Reife, der Fülle und der Liebe, sondern gleichzeitig der Sprache. Bezeichnend für Hölderlins Gebrauch des Schwans ist beides: die Unterdrückung seiner konventionellen Bedeutung und die Nicht-Identifikation von sprechendem Ich und Schwan einerseits, das Aufrechterhalten einer

Erinnerungsspur an eine vergangene, nunmehr verlorene Dichterrolle andererseits. So entspricht es der elementaren Konstruktion des Gedichts: dem Sprechen aus dem Moment einer radikalen Krise. Diese affiziert von vornherein auch die Beschreibung der vergangenen Fülle: das sprechende Ich ist aus der Möglichkeit selbstbewußter Identifikation mit dem stolzen Topos des Dichterschwans bereits herausgefallen und kann sie nurmehr als ein Phänomen aufrufen, das rätselhaft geworden und kaum noch auf seine konventionelle Bedeutung zugänglich ist. Das Gedicht, das seinen Raum mit einer Schlußformel – dem Adoneus – eröffnet, macht auch Schluß mit der Imago des Dichters selbst. Doch ebendieser von Beginn an präsente Gestus des Schließens leistet, schon kraft der Vermehrung und Zerstreuung der metrischen Schlußformel durch das ganze Gedicht, eine (melancholische) Fortschreibung, eine Insistenz des Beschlossenen in der Form seiner Klausel. Die Semantik des Titel-Adoneus, eben *Hälfte des Lebens*, entspricht ganz buchstäblich dieser paradoxen Doppelheit von Öffnen und Schließen auf der Ebene ihrer Form: denn die Hälfte, die Mitte einer Wegstrecke ist Ende (der ersten Hälfte) und Beginn (der zweiten Hälfte) gleichzeitig.

Die »holden Schwäne« fügen sich unschwer in die protonarzißtische Szenerie der Schönheit, die sich »trunken«, in einem »furor novus«, zum Wasser neigt.[17] Die Ikonographie des schönen und stolzen Schwans ist bereits seit der Antike reich an narzißtischen Implikationen. Michael Jakob hat zumal für die Renaissance-Emblematik des Dichterschwans das Merkmalsbündel »Stolz, Selbstsicherheit und Selbstbehauptung, Selbstgenügsamkeit, Selbstentfaltung und Selbstbewußtsein, individuelle Einzigartigkeit und *furor poeticus*«[18] herausgearbeitet. Lange bevor Freud im Dichter die Produktivkraft eines ungebrochenen frühkindlichen Narzißmus – namentlich des Glaubens an die magische Allmacht der eigenen Worte und Wünsche[19] – und Rilke im Schwan ganz unzweideutig die Figur eines »erhörten Narziß«[20] sahen, wurde in Hölderlins Zeit der Mythos von Narcissus zentral für die Selbstbeschreibung des Dichters und der Dichtung. Zwischen August Wilhelm Schlegels lakonischem Diktum »Dichter sind doch immer Narzisse«[21] und der elaborierten romantischen Theorie unendlicher Selbstreflexion erstreckt sich ein reicher Diskurs, der auch ausdrücklich den Leitstern von Hölderlins später ›Lyrik‹, Pindar, in sein Gradnetz integriert. Pindar, so Friedrich Schlegel, ist ein Muster »schöner Selbstbespiegelung«,[22] weil er in seine Preislieder auf Wettkampfsieger immer wieder Reflexionen auf die Würde der eigenen Dichterrolle einflicht, weil der besungene Sieg und das eigene Lied sich vielfach ineinander spiegeln. Analog waren es auch für Hegel gerade Pindars direkte und oblique Modi der Selbstdarstellung, die seine Gesänge über Sieger, Orte, Mythen und Götter mit dem modernen Begriff des Lyrischen kompatibel machen.[23]

Die Hölderlin-Philologie hat es systematisch vermieden, solche Einsichten auch auf den deutschen Dichter-Seher par excellence auszudehnen. Dabei ist es nicht zuletzt Hölderlins proto-narzißtische Selbststilisierung, die sein Pathos für prosaische Gemüter vielfach so unerträglich und für seine Verehrer so ›bedeutend‹ macht. Wie immer gefährdet der Dichter in Hölderlins fortgesetzten Selbstreflexionen erscheinen mag, er tritt tendenziell in eine den normalen Sterblichen unzugängliche Beziehung zum »Göttlichen« und erbt damit die Aureole einer überprofanen Sendung, einer Mittlerrolle zwischen Göttern und Menschen. Und was soll nüchterne Betrachtung von einem Dichter halten, der ganz im Sinne Pindars von den Dichtern – und damit von sich selbst – sagt: »Was bleibet aber, stiften die Dichter« (II 189)? Anders als die Romantiker scheint Hölderlin besonders blind gerade für diesen massiven Narzißmus der eigenen Erhabenheit gewesen zu sein.[24] *Hälfte des Lebens* könnte in seiner dezidiert narzißtischen Bildlichkeit als eine Ausnahme, als ein kritischer Moment der Erkenntnis gelesen werden: im Augenblick des Abschieds von der früheren Identifikation mit der Rolle des Dichterschwans tritt dessen narzißtische Signatur vor Augen. Diese

Erkenntnis bereitet aber nicht den Weg in ein anderes Sprechen, sondern ist nurmehr ein Ferment des bevorstehenden Absturzes in totale Sprachlosigkeit. Sie bekräftigt damit die innere Verbindung von Dichterrolle und narzißtischer Schwanen-Imago.

Das Denken von Selbstbezüglichkeit und Selbstreflexion gehört zu den kardinalen Desideraten von Ästhetik und Poetik der 1790er Jahre; Hölderlin hat dies nicht nur beobachtet, sondern selbst wichtige Beiträge dazu geleistet. Mit einem populärpsychologischen Verständnis narzißtischer Selbstbezogenheit hat die dabei entwickelte Semantik wenig gemein. Kant hatte dem proto-narzißtischen Akt der Selbstreflexion, der Betrachtung der eigenen Vermögen, eine hohe kritische Dignität verliehen. Schlegels Poetik transformierte diese positive Konnotation der Reflexion auf sich selbst – im Durchgang durch Fichtes Analyse der »ursprünglichen Tathandlung« des sich selbst setzenden Ich – in die frühromantische Poetik der »schönen Selbstbespiegelung« und der unendlichen Selbstreflexion.[25] Rousseaus universeller Narzißmus-Vorwurf an alle Dichter und Philosophen – es gehe ihnen nicht um Wahrheit, sondern um Distinktion ihres Selbst, ihrer ›Originalität‹ durch beliebige Differenzgewinne gegenüber ihren Vorgängern und Konkurrenten[26] – wird in eine völlig positive Aussage über die wahre Natur des Kunstwerks verwandelt. Fichte, Schlegel und Novalis nutzten eine Einsicht in die formale Natur der Reflexion überhaupt, um die Alternative von Selbst- und Weltbezogenheit grundsätzlich in Frage zu stellen. Was immer »sich« reflektiert, muß notwendigerweise »aus sich herausgehen«, um »in sich zurückkehren« zu können. Die unvermeidliche Spaltung in Objekt und Subjekt der Selbstreflexion führt eine diakritische Differenz in das »Selbst« selbst ein und öffnet es eben darin auf die Vielzahl äußerer Objekte und Medien, die es bereits für die eigenste Bahn der Selbstreflexion braucht.[27] Für Schlegels berühmtestes Fragment, das 116. Athenäumsfragment, sind (unbewußte) Selbstdarstellung des Künstlers und Universalität der

Weltdarstellung (»Spiegel der ganzen umgebenden Welt, ein Bild des Zeitalters«) daher keine sich ausschließenden Gegensätze, sondern eher Komplementärphänomene der »Universalpoesie«.[28] Ähnlich hatte schon Fichte betont, daß im Sich-selbst-Setzen des Ich zugleich »aller mögliche Gehalt [...] enthalten« ist.[29] Freud hat zeitgenössische Beschreibungen eines solchen »allumfassenden« Ich unter dem Namen des »ozeanischen Gefühls« als Spur der frühkindlichen Ungetrenntheit von Ich und Welt gedeutet:

> Ursprünglich enthält das Ich alles, später scheidet es eine Außenwelt von sich ab. Unser heutiges Ichgefühl ist also nur ein eingeschrumpfter Rest eines weit umfassenderen, ja – eines allumfassenden Gefühls [...] Wenn wir annehmen dürfen, daß dieses primäre Ichgefühl sich im Seelenleben vieler Menschen – in größerem oder geringerem Ausmaße – erhalten hat, so würde es sich dem enger und schärfer umgrenzten Ichgefühl der Reifezeit wie eine Art Gegenstück an die Seite stellen, und die zu ihm passenden Vorstellungsinhalte wären gerade die der Unbegrenztheit und der Verbundenheit mit dem All, [...] das ozeanische Gefühl.[30]

In seiner Schrift *Zur Einführung des Narzißmus* hatte Freud nur den engeren, objekthaften Selbstbezug *nach* der Unterscheidung von Ich- und Objektlibido als primären infantilen »Narzissmus« bezeichnet, die »uranfängliche« Ungeschiedenheit von Ich und Welt dagegen mit dem Begriff »Autoerotismus« belegt.[31] Schon in der engeren narzißtischen Ichlibido entdeckte Freud die Tendenz, gleichzeitig und ipso facto eine Weise der Objektlibido zu sein (»narzißtische Objektwahl«).[32] Die späte Analyse des »ozeanischen Gefühls« reformuliert dagegen die Position des prä-objektalen »Autoerotismus«. Für Freuds Korrelation von künstlerischer Arbeit und Narzißmus ergibt sich daraus eine interessante Erweiterung. Die frühere Theorie identifizierte den »seligen psychischen Zustand« des »primären Narzißmus« mit seinen Merkmalen der »Allmacht der Gedanken« und der »Zauberkraft der Worte«[33] als diejenige kindliche Libidodisposition, die im

Verlauf der weiteren Entwicklung bald aufgegeben wird, aber immer eine starke Anziehung bewahrt und bei den »Primitiven« sowie im Gebiet der Kunst entschieden festgehalten wird.[34] Der Anfang von *Das Unbehagen in der Kultur* räumt nun zusätzlich die Möglichkeit ein, daß das Festhalten grundsätzlich aufgegebener Libidopositionen nicht nur in die Phase des – gleichzeitig mit dem Ich-Objekt entstandenen – »primären Narzißmus« zurückreicht, sondern in den »uranfänglichen« Narzißmus *vor* dem Narzißmus, den »Autoerotismus« vor der scharfen Trennung von Ich und Welt.[35] Und Freuds These ist: die Regression auf bzw. das Festhalten an dieser einmal genossenen Libidodisposition artikuliert sich in den Vorstellungsrepräsentanzen des ozeanischen Gefühls. Dieses sei nicht »primärer Natur« und etwa eigenständiger »›fons et origo‹ aller religiösen Bedürfnisse«,[36] sondern eher eine verstärkte, besonders weitgehende Variante einer narzißtischen Tendenz.

Freuds Verdacht, daß gerade das ozeanische Gefühl »die Wiederherstellung des uneingeschränkten Narzißmus anstreben könnte«,[37] liefert ein psychoanalytisches Denkmodell für die Theoreme Fichtes und Schlegels, die eine Koextensivität von Ich-hafter oder künstlerischer Selbstbezüglichkeit und universeller Welt-»Spiegelung« behaupten. Sogar, ja gerade die enthusiastische Form der freien Hymne – bei Klopstock und Hölderlin das Medium ausgreifender religiöser, mythischer und geschichtsphilosophischer Vorstellungskomplexe – kann daher sowohl mit Hilfe der Poetik der 1790er Jahre als auch der psychoanalytischen Theorie durchaus auf August Wilhelm Schlegels Satz »Dichter sind doch immer Narzisse« zurückbezogen werden. Der religiöse Gestus steht dem um so weniger entgegen, als es nach Freuds Analyse generell die Funktion religiöser Vorstellungen ist, als imaginäre Wunscherfüllung narzißtisch genießbar zu machen, was gleichzeitig Verbote und Entbehrungen mit sich bringt.[38]

Damit zurück zur narzißtischen Bildlichkeit in *Hälfte des Lebens* und zum Vergleich mit Ovids Darstellung der narzißtischen Szene. Hölderlin multipliziert und verstärkt die Geste des In-den-See-Hängens, indem er das Bild des sich zum Wasser beugenden Narcissus auf eine Vielzahl von Naturphänomenen ausdehnt. Was bei Ovid nur der makellose Rahmen für Narcissus' Abwärtsblick auf das eigene Bild im Wasser ist, wird bei Hölderlin vom *furor* schöner Selbstbespiegelung miterfaßt, gleichsam angesteckt. Dadurch wird zugleich ein Sog, eine ziehende Kraft von unterhalb der Seeoberfläche spürbarer, die seit Frazers *Golden Bough*[39] immer wieder auf die von der Ethnologie gut dokumentierte Furcht, das eigene Spiegelbild im Wasser zu sehen, bezogen worden ist. Grundlage dieser Furcht ist die Annahme, daß Spiegelbilder ebenso wie Schatten nicht nur metaphorische Simulakra, sondern reale und verwundbare metonymische Teile der Abgebildeten sind. Mehr noch: sie gelten geradezu als deren Seele, die Gefahr läuft, von bösen Geistern unter die Wasseroberfläche gezogen zu werden – mit der Folge, daß die gespiegelte Person stirbt. Ein solcher potentiell gefährlicher Sog hinab zur spiegelnden Seeoberfläche durchwaltet auch die strahlende Präsenz des goldenen Spätsommer- oder frühen Herbsttages in Hölderlins Gedicht. Die Geste des Ins-Wasser-Hängens schreibt so bereits der Imago vollendeter Schönheit die Tendenz auf einen tödlichen Ausgang ein. Wie bei Adonis und Narcissus ist kurzes Leben und unmittelbar bevorstehender Tod eine innere Implikation in der Darstellung höchster Schönheit. Statt in der zweiten Strophe nur auf eine äußere Negation und Antithese zu stoßen, führt die ästhetische Bildlichkeit der ersten Strophe aus sich heraus an den Punkt, wo Vollendung gleichermaßen die perfekte Form *und* das Beenden des Lebens, den Tod, meint.

Als das (imaginäre) Telos, das allem Hängen und Tunken die Richtung vorgibt, erhält das »Wasser« buchstäblich das letzte Wort der ersten Strophe. Dieses Wort wird erst in dem Moment gesetzt oder ›gefunden‹, in dem die Bewegung der hängenden und tunkenden Agenten seine Oberfläche berührt und durchkreuzt. Es liegt in der Logik der Anspielungen auf

Narcissus' Herunterbeugen zur Quelle, daß das Auftreffen auf das Wasser das schöne und begehrte Bild zerstört und daher direkt von einem klagenden »Weh« gefolgt wird. Außerdem präfiguriert »Wasser« das »Weh« durch eine Assonanz, die in der näheren Versumgebung, wie ein sich fortsetzender Wellenschlag, bei jedem zweiten oder dritten Wort wiederkehrt: »wo«, »wenn«, »Winter«.[40] In einer einzigen (Leer-)-Zeile schlägt die warme, farbengesättigte Präsenz der scheinbar idyllischen Landschaft – »In seiner Fülle ruhet der Herbsttag nun«, wie es zu Beginn von *Mein Eigentum* heißt (II 306) – in verzweifelten Mangel und klirrende Kälte um. Als Narcissus, vom Ufer aus über der Quelle hängend, mit seinen Armen das Wasser berührte, implodierte und zerstreute sich alle Schönheit des Bildes. Narcissus antwortete darauf mit allen Gebärden der Trauer um einen Toten und begleitete diese mit einem klagenden »eheu«, das die Nymphe Echo sogleich mit einem weiteren »eheu« verstärkte.[41] *Hälfte des Lebens* verleiht der Klage von Narcissus und Echo ein neuerliches, lediglich ins Deutsche übersetztes Echo: aus »eheu« wird »Weh«. Die Desintegration des totalen Bildes und des Begehrens, das darauf gerichtet ist, reflektiert sich darüber hinaus in der staccato-ähnlichen Unterbrechung jedes kontinuierlichen Satzflusses, wie sie den ersten Vers der zweiten Strophe prägt: »Weh mir, wo nehm ich, wenn«.

Der katastrophische Umschlag, der sich in der Leerzeile zwischen den Worten »Wasser« und »weh« ereignet, stellt das Bildfeld des Gedichts vom überreifen Sommer auf den klirrend-kalten Winter um. Nach der Logik der Antithese könnte die Beschreibung einer winterlichen Landschaft erwartet werden, in der Schnee und Eis das Wasser, kahle Büsche und Bäume die Blumen sowie die üppig hängenden Birnbäume ersetzen. Tatsächlich indes artikuliert das Gedicht, zumindest in den ersten vier Versen der zweiten Strophe, keineswegs ein positiv beschreibbares winterliches Gegenbild zu der goldenen Spätsommer- oder Frühherbstszene. Es behauptet lediglich die Abwesenheit, das Nicht-Sein einiger Züge, die zuvor entweder direkt oder implizit das Bild bestimmten: keine Blumen, kein Sonnenschein, kein Schatten, keine Sprache. Das Fehlen von Sonnenschein ist keineswegs typisch für Winterlandschaften; Hölderlins spätere Winter-Gedichte betonen im Gegenteil den eigentümlichen Glanz sonniger Schneelandschaften.[42] Sofern der Mangel an Blumen und *Schatten der Erde* zugleich die Situation fehlender Sprache definiert, ergibt sich eine metaphorische Brücke zwischen den drei Termen. In *Brod und Wein* hat Hölderlin die metaphorische Dimension der Blumen als der Blumen der Rede (*flores orationis*) offengelegt, indem er die Metapher in einen Vergleich transformiert hat: »Nun müssen dafür Worte, wie Blumen, entstehn« (II 93). Der »Schatten der Erde«[43] kann in diesem Zusammenhang ebenfalls auf das Problem der Sprache bezogen werden – insbesondere wenn *Schatten der Erde* als Anagramm von *Schatten der Rede* gelesen wird. Ein solcher Schatten der Rede erlaubt mehr als eine figurative Lesart. Klopstock etwa definiert poetischen *»Ausdruck«* – mit Rücksicht auf die mimetischen Beziehungen von Zeichen und Bezeichnetem – ganz generell als einen *»Schatten, der sich mit dem Baume bewegt«*.[44] Hölderlin selbst gebraucht in einem Brief an Neuffer den Begriff eines Schattens der Sprache bzw. der Dichtung im Sinne der Schattierung, der feinen Nuancen und wechselnden Töne. Wie das Gedicht *Hälfte des Lebens* beklagt der Brief, daß es dem schreibenden Ich an einem solchen Schatten mangelt:

Es fehlt mir weniger an Kraft, als an Lebendigkeit, weniger an Ideen, als an Nuancen, weniger an einem Hauptton, als an mannigfaltig geordneten Tönen, weniger an Licht, wie an Schatten [...] (880)

Schließlich kann der »Schatten« in *Hälfte des Lebens* auch als fortgesetzte Anspielung auf den Narcissus-Mythos gelesen werden. Beim Eintauchen der Arme ins Wasser, der Durchkreuzung von oberirdischem Bildgeber und spiegelnder Wasseroberfläche geht Narcissus nämlich seine *umbra*, sein schattenähnliches Bild verloren. Eine rein negative Entdeckung des Fehlens des begehrten ›Objekts‹ ist auch Narcissus' schmerzvolle Erfahrung, als er endlich das trügerisch schöne Bild erkennt: »quod petis, est nusquam« (»was du suchst, ist nirgends«); »nil habet ista sui« (»dieses Bild da hat nichts an eigener Substanz«).[45] Narcissus' Durst[46] nach einer doppelten Nahrung – Wasser und Liebe – kehrt in Hölderlins Gedicht als die verzweifelte Suche nach Blumen, Sonnenschein und Schatten wieder. Die pathetische Geste des Ausstreckens der Hände nach einem unerreichbaren Ziel[47] wird übersetzt auf das Niveau der gesprochenen Sprache: »Weh mir, wo nehm ich ...«

Die negative Charakterisierung, mit der die zweite Strophe arbeitet, ähnelt im übrigen der berühmten *ekphrasis*, welche Ovid von der Quelle gibt, an der sich die tödliche Spiegelung des Narcissus ereignet. Diese Quelle ist von einem so dichten Wald umgeben, daß kein Sonnenstrahl zu ihr vordringt. Der lateinische Wortlaut *nullo sole* präfiguriert direkt das Fehlen von »Sonne«, dem sich Hölderlins »ich« ausgesetzt sieht. Ovid beschreibt bereits den scheinbaren *locus amoenus* – die makellose Quelle, an der Narcissus dem schönen Bild verfällt – mit rein negativen Merkmalen: kein Sonnenstrahl, kein Hirte, keine Ziege, kein anderes Vieh, kein Vogel, kein Wild und keine fallenden Zweige haben die sterile Reinheit dieses Ortes je berührt.[48] Diese Serie von Abwesenheiten – das Fehlen jedes Zeichens von Leben – kennzeichnet in mehr als subkutaner Weise die lautere Quelle als einen Ort des Todes. Wie in den Adonien die vertrockneten Adonisgärten und kleinen Adonis-Bilder in Quellen bzw. Brunnen als in kalte, unfruchtbare Gräber geworfen wurden, so wirft Narcissus sein eigenes Bild in die tödliche Quelle. Bevor er mit seinem »wehe« die Nichtigkeit seiner Illusion und seines Begehrens erkennt, hat der Text längst selbst der Szene, auf der die täuschend-schöne *imago* erscheint, Signale eines radikalen Mangels eingeschrieben.

Shakespeare hatte schon in seiner frühen Verserzählung *Venus and Adonis* die Überlieferungen von Adonis und

Narcissus überblendet. Der junge Friedrich Schlegel ist ihm darin gefolgt. »Adonis«, so Schlegel, »ist die Centralnovelle des Shakespear.«[49] Für seinen eigenen Roman *Lucinde* reklamiert er lakonisch dasselbe: »Adonis zur Lucinde.«[50] Schlegel interessiert an der Adonis-Mythe vor allem die von Shakespeare teilweise ins Groteske gesteigerte Umkehrung herkömmlicher Geschlechtsrollen.[51] Gleichzeitig transformiert er Narcissus' »schöne Selbstbespiegelung«[52] in das romantische Modell unendlicher poetischer Selbstreflexion. Tatsächlich ist es möglich – und soll weiter unten versucht werden –, in Hölderlins neuerlicher Überblendung von Adonis und Narcissus auch einen Kommentar zur romantischen Poetik zu lesen.

Die ersten vier Verse der zweiten Strophe von *Hälfte des Lebens* gehorchen nicht nur dem Gesetz einer rein negativen Darstellung des Winters durch das, was in ihm vermißt wird. Sie brechen auch insofern mit dem Modus einer direkten Evokation entgegengesetzter Szenen, als sie lediglich in der Form der Frage eine antizipierend-konditionale Sorge der Sprechinstanz artikulieren (»weh mir, wo nehm ich, wenn«). Erst die abschließenden drei Verse finden zum positiv-deskriptiven Darstellungsmodus der ersten Strophe zurück. Damit erhält die Antithese endlich zwei positive Objekte: »Mauern« und »Fahnen«. Beides sind kulturelle Objekte, ja sie bezeichnen metonymisch die Stadt (Stadt-, Kirchen- und Häusermauern), wenn nicht gar den Staat – sofern Fahnen nicht allein die Wetterfahnen, sondern auch die Fahnen als staatliches Identitätszeichen meinen. Die Oppositionen von Sommer und Winter, üppiger Schönheit und kahlem, sprachlosem Mangel werden damit eingetragen in diejenige von Natur und Kultur. Der klirrende Frost scheint nicht zuletzt ein Frost des sozialen Lebens zu sein, der Abwesenheit des Erotischen (der ›küssenden‹ Schwäne) und jeglicher »hold«-zugeneigten Kommunikation überhaupt. Selbst bei den positiven Objekten dieses »Winters« wahrt Hölderlin ein Gesetz der Abstraktheit und Merkmalslosigkeit. Die Objekte der ersten

Strophe werden, darin Lessings Regel des einen »Beiworts« folgend,[53] entweder direkt mit einem Attribut belegt (gelbe Birnen, wilde Rosen, holde Schwäne, heilignüchternes Wasser) oder durch die assoziative Verbindung aller dieser Attribute angereichert. Die Substantive der zweiten Strophe bleiben dagegen durchweg attributlos: Winter, Blumen, Sonnenschein, Schatten, Mauern, Wind, Fahnen. Das Fehlen jedes »Beiworts« figuriert als ein Gesetz des Fehlens überhaupt: es macht die kahle Kälte spürbar, ohne sie mittels eines Adjektivs noch eigens den Objekten zuschreiben zu müssen.[54]

Die Verben vervollständigen diese szenische Antithetik. An die Stelle des üppigen Hängens tritt in der zweiten Strophe das kahle Stehen, an die Stelle des Küsse-trunkenen Tunkens das Klirren. Aufrechte, in die Höhe ragende Phänomene – stehende Wände sowie Fahnen, die in der Regel an einem senkrechten Mast angebracht sind – markieren den Gegenpol der nach unten gerichteten Bewegungen, die durchgängig eine voluptuöse Weichheit ausstrahlen, ja eine Tendenz zum melodramatischen Effekt haben: des Hängens in Schönheit und des wollüstigen Tunkens. Die erste Strophe stellt eine Abwärtsbewegung dar, die schließlich die horizontale Linie der Wasseroberfläche trifft; die zweite dagegen vollzieht eine überwiegend horizontale Suchbewegung nach fehlenden Objekten, bevor sie auf die vertikale Linie der stehenden Mauern und der klirrenden Fahnen trifft. Bildlich gesprochen läuft das Gedicht am Ende buchstäblich vor die Wand und mündet in ein bloßes »klirren« – ein Geräusch, das keine Entwicklung, keine Melodie kennt und prospektiv nur noch die Alternative von schlechter Unendlichkeit des Weiterklirrens oder bloßem Aufhören zuläßt. Darin stellt der dürre Schlußklang des Gedichts eine direkte Antithese zu ästhetischer Resonanz überhaupt und speziell zu den sich verstärkenden, Fülle-gesättigten Schwingungen der ersten Strophe dar. Die phonetische Affinität von »Birnen« und »klirren« produziert in Verbindung mit der chiastischen Verteilung beider Worte – »Birnen« ist das dritte Wort des ersten Verses, »klirren« das drittletzte Wort des letzten – einen dissonanten Binnenreim. Wenn man mit den vollen und reichen Farben der schönen Landschaft einen Klang gleicher Wärme und Opulenz assoziiert, dann spiegelt »klirren« diesen Klang negativ: in der unangenehmen Enge und Monotonie des Klanggeschehens, das es bezeichnet, ebenso wie in der Kürze und Enge der dem Wort eigenen Vokale. Dieses Klirren ist eine phonetische Repräsentanz des Mangels und damit Korrelat der »Weh«-Klage, Bahn jenes Verlustschmerzes, den der Anfang der zweiten Strophe von Hölderlins Gedicht – im Zerreißen syntaktischer Kontiguitätserwartungen – auch grammatisch eine spürbare Realität werden läßt. Hölderlin erweist sich damit – und schon die zeitgenössische Rezeption hat darin seine Hauptmeisterschaft gesehen[55] – als algographischer Dichter par excellence. Zu den antiken Referenzen dieser sprachmaterialen Poetik des Schmerzes gehört nicht zuletzt das algographische Feld, das um die Namen Sappho, Adonis und Narcissus organisiert ist. Es bedarf keiner übertriebenen anagrammatischen Spielereien, um im abschließenden »klirren« von Hölderlins Gedicht zugleich das »irren«, das Nicht-weiter-Wissen, ja sogar das »irre«-Werden, den Wahnsinn aus Schmerz mitzuhören.[56]

Hölderlins ›Theorie‹ des Schönen

Wie die Mythen von Adonis und Narcissus artikuliert die Bewegung des Gedichts den Umschlag vollendeter Schönheit in deren Fehlen. Selbst Aphrodites Schönheit, so Bion, vergeht mit dem Tod des schönen Jünglings.[1] Oder mit Shakespeares Worten: »he being dead, with him is beauty slain«.[2] Narcissus verzweifelt, als er die Nichtigkeit und Unbeständigkeit des schönen Bildes auf der Wasseroberfläche erkennt. Schönheit und die Idee ihres Untergangs sind in den antiken Mythen von schönen Jünglingen untrennbar verbunden. Zum Bild der Schönheit selbst konnten diese »formosissimi ephebi«[3] regelmäßig nur um den Preis ihres (Weiter-)Lebens werden. Allein frühzeitiger Tod vermag die flüchtige Schönheit als Bild des Begehrens und elegisches Objekt der Klage zu verewigen. Indem *Hälfte des Lebens* die der Erfahrung des Schönen eingeschriebene Antinomie von Vollendungsglück und Verlusterfahrung szenische, beinahe dramatische Präsenz werden läßt, hebt das Gedicht zugleich ein integrales Element von Hölderlins ›Philosophie‹ des Schönen hervor. Über weite Strecken bewegt sich diese Philosophie in den Bahnen des deutschen Idealismus und namentlich Kants und Schillers. Der Schönheit wird eine gleichzeitig erkenntnistheoretische, moralisch-soziale, bei Hölderlin letztlich auch religiöse Vermittlungs- und Versöhnungsfunktion zugetraut: sie soll »den Widerstreit zwischen dem Subject und dem Object, zwischen unserem Selbst und der Welt, ja auch zwischen Vernunft und Offenbarung (verschwinden machen)« (VI 203). Schönheit, so Hölderlin emphatisch und unter Verletzung des kritischeren Vokabulars seiner Vordenker, ist ein einzigartiges »Seyn«, von dem auch »alles Erkennen« (IV 235) und soziale Handeln seinen Ausgang nimmt: »wir strebten gar nicht, die Natur mit uns zu vereinigen, wir dächten und wir handelten nicht, [...] wenn nicht dennoch jene unendliche Vereinigung, jenes Seyn, im einzigen Sinne des Worts vorhanden wäre. Es ist vorhanden – als Schönheit« (III 236-237 und 52-53).

Die »Neuen Briefe über die ästhetische Erziehung des Menschen«, die Hölderlin in provozierender Variation seines geliebt-gehaßten Über-Vaters Schiller schreiben wollte (VI 203), hätten aber wohl nicht nur eine platonischer und religiöser gestimmte Überbietung des berühmten Vorbilds gegeben. Denn anders als bei Schiller setzt uns das Schöne im Sinne Hölderlins stets zugleich einer Erfahrung von Armut, Mangel und Verlust aus. Darin reformuliert Hölderlin Platos Mythe von der Geburt des Eros aus der Verbindung von Poros (Mittel und Wege, Reichtum, Überfluß) und Penia (Armut, Mangel).[4] Das Begehren des Schönen entstand demnach, »als der Überfluß mit der Armuth sich gattete«: »Am Tage, da die schöne Welt für uns begann, begann für uns die Dürftigkeit des Lebens« (III 200-201). Denn das Schöne entzieht sich jedem dauerhaften Besitz und konfrontiert das Begehren immer wieder mit seiner eigenen Leere. Die emphatische Existenz des Schönen – »Es war da, [. . .] ich hab' es gesehn« (III 52) – ist die eines »Moments«, eines »Augenbliks« (III 53, 82, 217), einer womöglich einmaligen Epiphanie: »Ich hab' es Einmal gesehn« (III 52). In einem solchen »Moment der Schönheit« (III 82) scheint »die Vollendung« nahe, doch die Liebe zum Schönen fällt sogleich wieder auf ihre Ausgangsposition, den das Begehren rastlos antreibenden Mangel, zurück. Der Versuch der »Seele«, sich des präsenten Schönen »als ihres Eigentums bewußt zu werden«, stößt umgehend auf die Erfahrung, »daß es verschwinden wird im Augenblike, da sie es umfaßt, daß der unendliche Reichtum zu nichts wird, so wie sie ihn sich zu eigen machen will« (III 203). Das Begehren des Schönen »dünkt sich« daher ebenso »dürftig«, wie es »reich« ist; gerade »die Vollendung« macht es stets aufs neue arm. Genau dies war auch die Erfahrung von Ovids Narcissus: »inopem me copia fecit« – die Fülle (des schönen Bildes) macht mich arm, bedürftig, darbend[5] – und zwar, wie bei Hölderlin, in dem »Augenblike«, da Narcissus es »umfaßt«. Die radikale Unbesitzbarkeit des Schönen, der ekstatische »Moment«-Charakter seiner Erfahrung, sein »Verschwinden« ins »nichts«: nicht zuletzt dies führt der Umschlag zwischen den beiden Strophen von *Hälfte des Lebens* vor Augen. Schön sein, so Hölderlin unter Berufung auf Homer, heißt »für kurze Zeit geboren« sein (IV 224).

Das Begehren des Schönen trägt diesen »Widerstand«, diese »Fessel« der Endlichkeit, diese Erfahrung des ›Verschwindens‹ letztlich »gerne«. Denn das Fehlen des Fehlens, die Mangellosigkeit einer dauerhaften Aneignung des Schönen würde nichts zu »wünschen« übriglassen und mit dem ›Leiden‹ zugleich das ›Leben‹ tilgen. Das Begehren würde sich selbst nicht mehr fühlen: »Sich aber nicht zu fühlen, ist der Tod« (IV 202). Vom »reinen Geist«, der weder das Begehren des Schönen noch die Erfahrung seines Verschwindens kennt, sagt Hölderlin daher: »er entbehrt nicht, weil er nicht wünschen kann; er leidet nicht, denn er lebt nicht« (III 200-201). Damit das Begehren nicht stirbt, muß daher das Schöne sterben. Oder anders: lebendig – im Sinne sich selbst fühlender Lebendigkeit – können wir nur sein und bleiben, wenn das ideale Objekt des Begehrens, die vollendete Schönheit, sich jeder mehr als augenblickhaften Aneignung entzieht. Der »Schmerz« darüber ist letztlich in einer »Täuschung« (III 203) über sich selbst befangen; denn die Klage über das Verschwinden hat guten Grund, das beklagte Geschehen ebenso zu bejahen wie zu betrauern. (Die eigentümliche Seligkeit im Leid, die mehrfach aus überlieferten Adonis-Klagen herausgehört wurde, bezeugt dieses – mal mehr, mal weniger geheime – Einverständnis.[6]) Das erkennende »Studium des Schönen« (IV 235) lehrt einzusehen, daß der das Begehren treibende Mangel genauso wenig »entbehrlich« (III 202) ist wie jener »Überfluß«, der im »Moment der Schönheit« erfahren wird, sich aber sogleich jedem dauerhaften Besitz entzieht.

Kant hatte den Begriff der Vollkommenheit (perfectio) als untauglich für eine Theorie des reinen ästhetischen Urteils erklärt, weil der Gedanke der »Vollkommenheit« ein bestimmtes Ideal impliziere und damit der Begriffslosigkeit und Unbestimmtheit »freier Schönheit« nicht gerecht werde.[7] Hölderlin hat sich, bei voller Kenntnis der *Kritik der Urtheilskraft*, von Kants Kritik an den ›Vollkommenheits-Männern‹ nicht beirren lassen. Von der frühen Hymne *An die Vollendung* (1788) über die theoretischen Aufsätze der 1790er Jahre bis zu den letzten Gedichten vor seinem Tod (1843) hat Hölderlin immer wieder von »Vollkommenheit« und »Vollendung« gesprochen. Dabei steht zwar das Preisen höchster

Schönheit im Vordergrund, in je unterschiedlicher Weise wird aber auch regelmäßig ein gegenläufiger Subtext lesbar. Per definitionem ist das Vollkommene etwas, das nichts zu viel und nichts zu wenig hat; würde ihm etwas fehlen, wäre es nicht vollkommen. Mit Hölderlins eigenen Worten: vollendete Schönheit ist »mangellos« (III 10). Dieser positive Mangel an Mangel hat eine Kehrseite, die zumindest für den Betrachter von erheblicher Negativität sein kann: derjenige nämlich, dem nichts mangelt, begehrt auch nichts. Schon Platos Erörterung des Eros als Begehren bestimmte alles Begehren als Mangel-getrieben.[8] Wäre Eros selbst schön, würde er nicht das Schöne begehren. Daher Platos Konsequenz: Eros darf selber nicht schön sein, um der Motor des Begehrens nach schönen Körpern und Seelen sein zu können. Schöne Jünglinge werden in Platos Dialogen daher auch regelmäßig als frei von sexuellem Begehren dargestellt; dieses fällt den meist älteren Liebhabern zu, die selber nicht schön, zumindest nicht so schön sind wie die von ihnen Begehrten. Abstrakter formuliert: das Vollkommene ist zuallererst Selbstreferenz; wer es begehrt, muß damit rechnen, daß sein Begehren nicht erwidert wird. Die Mythen von Narcissus und Adonis sind Erzählungen von dieser Struktur; Freud hat sie als die narzißtische Tendenz hoher Schönheitsgrade reformuliert und darin einen Kern aller Liebesklage wiedererkannt.[9] Das Vollendete zieht das Begehren in besonderem Maß an und hält es zugleich auf Distanz; es wird daher mit Unnahbarkeit und fehlender Erwiderung des Begehrens assoziiert und läßt die euphorische Hitze des Begehrenden regelmäßig in depressive Kälte-Erfahrungen umschlagen.[10]

Laplanche hat gezeigt, daß diese Ambivalenz die Darstellung der Diotima in Hölderlins *Hyperion* prägt: ihr werden alle erdenklichen Positiv-Attribute beigelegt, und eben deshalb verliert Hyperion immer wieder jede Hoffnung, von diesem vollkommenen Wesen dauerhaft wiedergeliebt zu werden.[11] *Hälfte des Lebens* stellt einen analogen Umschlag mangelloser Vollkommenheit in die Klage über Kälte und unerfülltes Begehren dar. Das Gedicht inszeniert insofern eine innere Verbindung, einen Wechselrhythmus von Fülle (ubertas, copia) und Mangel, Nähe und Ferne, Hitze und Kälte, wie sie von dem Begehren nach dem selber mangel- und begehrenslosen Vollkommen-Schönen erfahren werden. Mit seinem goldenen Glanz begeistert der (positive) Mangel an Mangel den (negativen) Mangel auf der Seite des Begehrens, schließt ihn aber andererseits aus seiner selbstgenügsamen Vollkommenheit aus und konfrontiert ihn mit einem kalten Leer-Ausgehen, mit einem Absturz in das völlige Fehlen des Objekts. Dieser inneren Verbindung vollendeter Schönheit mit dem Scheitern einer Beziehung zu ihr, ja mit Objektverlust entspricht eine negative Implikation emphatischer Begeisterung. Hölderlins enthusiastische Schönheitsverehrung – vor allem in der Phase des *Hyperion* – ist ihrerseits immer schon ein proto-narzißtisches Selbstverhältnis: ein Empfinden der eigenen Trunkenheit, das eine konkrete libidinöse Objektbeziehung eher substituiert und verhindert als befördert.[12] Vollendete Schönheit, idealistisch als unendliche Vereinigung von Subjekt und Objekt gedacht, kann daher sowohl aufgrund ihrer eigenen Struktur als auch derjenigen ihrer Verehrung in unüberbrückbare Entfernung, ja in kalte Beziehungslosigkeit umschlagen.

Diese Trajektorie des Affekts entspricht einem dominanten Muster zahlreicher Gedichte aus Hölderlins ›reifer‹ Phase vor der sogenannten Umnachtung. Alle Nähe (der Götter, der Natur, der Schönheit) schlägt regelmäßig entweder in zu große, unhaltbare, ja unaushaltbare Nähe oder in erneute Götterferne um; eine halbwegs stabile Balance von Nähe und Ferne gelingt nicht. Laplanche hat darin ein Schizophrenie-affines Grundmuster gesehen;[13] im Rahmen neurotischer Pathologien kann von einem manisch-depressiven Wechselbad euphorischer Parusie-Momente und katatonischer Scheiterns- und Absenzerfahrungen gesprochen werden.[14] Die beiden Strophen von *Hälfte des Lebens* bestätigen oder verneinen weder die eine noch die andere Deutung des balance-, integrations- und syntheselosen Wechselns zwischen zwei entgegengesetzten Affektdispositionen, die Hölderlins Dichtung überhaupt bestimmen. Das Gedicht bietet vielmehr einen mythologisch-poetologischen Horizont, der das Ereignis des Umschlagens aus der Natur der Schönheit und Vollkommenheit selbst erklärt, und mehr noch: der das Projekt des Schreibens überhaupt – wie noch auszuführen bleibt – an einen analogen Wechsel zwischen entgegengesetzten Polen bindet.

Sappho und Alkaios als die polaren Urbilder »vollendeter lyrischer Schönheit« und ihre fragmentierte Präsenz im Medium freirhythmischer Sprache

In der Hölderlin-Philologie wird die erste und höchst unorthodoxe metrische Deutung von *Hälfte des Lebens* nurmehr taktvoll als ein Curiosum vermerkt. Rudolf Borchardt hat *Hälfte des Lebens* in seinem *Ewigen Vorrat deutscher Poesie* (1926) in bemerkenswerter Entstellung als Fragment einer gescheiterten alkäischen Ode abgedruckt.[1]

Skizze zu einer Ode

Hälfte des Lebens.

MIT gelben Birnen hänget und (– –) voll
Mit wilden Rosen – – das – – –
Land in den See: Ihr holden Schwäne
– – – – – – – – – –

– – – – – – – – – – –
Und trunken – von Küssen – tunkt ihr das
– – – – – Haupt ins heilig
Nüchterne Wasser – – – – –

Weh mir wo nehm ich, – wenn es Winter ist
Die Blumen – und wo – den Sonnenschein
Und Schatten der – – – Erde
– – – – – – – – – – –

– – – – – – – – – – – –
– – – – – – – die Mauern stehn
Sprachlos und kalt; im – – Winde
Klirren die Fahnen – – – – –

Nur der Wahnsinn, so Borchardt, habe Hölderlin daran gehindert, das Gedicht vollständig nach dem Muster der alkäischen Ode durchzuführen;[2] einem Muster im übrigen, das Hölderlin wesentlich besser beherrschte als Klopstock und in dem er schwerlich je in deutscher Sprache übertroffen worden ist. Borchardts Erklärung vermag um so weniger zu überzeugen, als Hölderlin mit *Hälfte des Lebens* gleichzeitig fünf vollständige alkäische Oden teilweise neu geschrieben, redigiert und zum Druck gebracht hat. Gleichwohl enthält Borchardts verfremdender Abdruck eine wichtige Einsicht in Hölderlins Gedicht.[3] In *Hälfte des Lebens* können in der Tat Versatzstücke der alkäischen Ode identifiziert werden. Dieses Merkmal teilt das Gedicht mit den großen freirhythmischen »Gesängen«, in denen – trotz zunehmender Entfernung vom Kontinent der horazischen Maße – noch vielfache Splitter der alkäischen Ode entdeckt worden sind.[4] Es ist charakteristisch für Hölderlins Gewinnung neuer Formen aus einer *bricolage* zerstreuter alter Formen, daß fast nie ganze Verse, sondern meist nur Gruppen von 5 bis 8 Silben aus den antiken Strophenmaßen übernommen werden. (Sapphos, Alkaios' und Pindars Verse arbeiten übrigens mit Basismetren, die mehrheitlich ebenfalls fünf- bis achtsilbig sind.) Borchardts Projektion von Hölderlins Gedicht auf die *integrale* alkäische Strophe verfehlt also das durchaus konstruktive Prinzip ihrer disseminierenden Zitation. Dennoch bleibt es erhellend, daß diese Projektion zumindest partiell möglich ist und die Realität des Gedichts keineswegs hoffnungslos verfehlt. Auch der Umstand, daß *Hälfte des Lebens* bis zum Ende des zweiten Verses als eine regelmäßige Folge von jeweils 2 (Doppel-)Jamben – mit einer fehlenden Länge jeweils am Ende des Verses – gelesen werden kann, ist mit der Hypothese einer alkäischen Abkunft gut vereinbar. *Hälfte des Lebens* stellt, so gesehen, eine Mischung bzw. – in freier Verwendung von Hölderlins eigenen Worten[5] – einen »Wechsel« von »Tönen« dar (III 148, VI 339), die metrisch auf die adoneische Klausel der sapphischen Strophe sowie auf Versatzstücke der alkäischen Strophe referieren. Auch darin steht *Hälfte des Lebens* keinem anderen Gedicht so nahe wie *Hyperions Schicksalslied*, dem zweiten herausragenden Kurzgedicht Hölderlins, in dessen freien Rhythmen schon Viëtor alkäische Versteile entdeckt hat, ohne allerdings die erhebliche sapphische Erbschaft zu sehen.[6]

Beide Gedichte sind gleichwohl im vollen Wortsinn freirhythmische Gebilde, und *Hälfte des Lebens* teilt auch bestimmende rhythmische Merkmale der großen pindarischen »Gesänge«: allen voran die Tendenz zur Häufung starker Wortakzente durch Techniken der Isolierung der Worte gegen den Satzfluß, namentlich durch die vielfachen Brüche zwischen Satz-, Rhythmus- und Verszäsuren.[7] Der abschließende Satz ist ein denkbar einfacher und klarer Prosasatz: »Die Mauern stehn sprachlos und kalt, im Winde klirren die Fahnen.« Außer der Verbindung von »Mauern« und »sprachlos«, die eher ungewöhnlich, aber einer metaphorischen Lesart leicht zugänglich ist, deutet nichts darauf hin, daß dieser Satz eines der vollendetsten Gedichte deutscher Sprache beschließen soll. Unter Wahrung der Sinneinheiten und syntaktischen Grenzen würde dieser Satz folgende Versform haben können:

> Die Mauern stehn sprachlos und kalt,
> im Winde klirren die Fahnen.

Dies wären durchaus erkennbar ›poetische‹ Verse. Der erste hat, nach einem Auftakt, zwei daktylisch akzentuierbare

Gruppen mit Doppelsenkungen (Maúern stehn/ spráchlos und/ kált), und der zweite greift diese rhythmische Dominante zumindest in der Mitte des Verses (klírren die) wieder auf. Hölderlin aber erzielt einen völlig anderen Effekt, indem er die gleiche Wortfolge ›lediglich‹ durch zwei Versgrenzen statt einer abteilt:

> Die Mauern stehn
> Sprachlos und kalt, im Winde
> Klirren die Fahnen.

Unter der allgemein geteilten Voraussetzung, daß Hölderlins Versgrenzen deutlich zu lesen sind, erzeugen diese Verse einen weitaus gewichtigeren Duktus als der Prosasatz und die alternative Versifizierung. Das Innehalten zwischen »stehn« und »sprachlos« bzw. »Winde« und »klirren« verleiht den Worten auf beiden Seiten des Enjambements stärkeren Akzent.[8] Dies gilt um so mehr, als die beiden mit »sprachlos« und »klirren« beginnenden Verse den Auftakt vermeiden, der in der Regel eine verbindende, den Übergang erleichternde Funktion nach der vorhergehenden Beschwerung des versabschließenden Wortes hat. In Hölderlins später Sprache, in der Versauftakt die Regel ist, hat Auftaktlosigkeit vielfach den Wert eines Einschnitts im rhythmischen Verlauf.[9] Die erste derartige Auftakt-Ellipse in *Hälfte des Lebens* setzt Hölderlin, wie bereits erwähnt, im sechsten Vers der ersten Strophe (»Tunkt ihr das Haupt«); dieser Bruch mit der bis dahin eingehaltenen Auftakt-Regel unterstreicht nicht nur rhythmisch die Abwärtsbewegung der ganzen Strophe, sondern präfiguriert auch als formale Zäsur den materialen Zäsur-Charakter des Eintauchens, des Durchkreuzens der Seeoberfläche. Die analoge Auftaktlosigkeit von »sprachlos« ist um so stärker markiert, als der vorhergehende Vers der einzige der gesamten Strophe ist, der mit einer betonten Silbe endet; damit ergibt sich das im gesamten Gedicht einzigartige Phänomen eines direkten Hebungspralls an einer Versgrenze. Durch diese Technik der Zäsur wird einem einfachen Satz ein quantitatives Maximum an starken Wortakzenten und ein erhebliches qualitatives Gewicht im Register des Pathos abgewonnen.

Der Anfang der zweiten Strophe setzt die Techniken der Häufung starker Akzente noch ungleich spektakulärer ein. Die beiden ersten Versschlüsse verschaffen ›bloßen‹ syntaktischen Bindewörtern (»wenn«, »wo«) eine bis zu Hölderlin völlig ungewöhnliche Betonung, indem sie diese Konjunktionen gerade disjunktiv setzen, gegen dasjenige isolieren, was sie anbinden. Auch ansonsten ist dafür gesorgt, selbst unter Vermeidung ›großer‹ Worte ein Höchstmaß an starken Wortakzenten auf kleinem Raum zu erzielen. Vor die unentscheidbare Alternative gestellt, »wéh mir« oder »weh mír«, »wó *nehm'« oder »wo néhm'« zu betonen, wird der Leser letztlich* alle Silben etwa gleich stark betonen. So entsteht, unterstützt durch die syntaktische Zäsur, das im Deutschen sehr ungewöhnliche Phänomen einer zweifachen Doppelhebung in Folge, einer Sequenz von zwei Spondeen: »wéh mír, wó néhm«. Gewiß ist Klopstock in der Häufung stark akzentuierter Silben in den Triumphgesängen des *Messias* bereits weitergegangen. Ein Beispiel möge genügen:

Wehklagen, und bang Seufzen vom Grauntale des Abgrunds her,
Sturmheulen, und Strombrüllen, und Felskrachen, das laut niederstürzt,
Und Wutschrein, und Rachausrufen erscholl dumpf auf;[10]

Hölderlin aber erobert solche Techniken erstmals für die Poetik des modernen Gedichts, indem er sie stärker an Syntax- und Rhythmusbrüche als an durchgängig große Worte bindet und indem er sie in den Raum der neuartigen »Nüchternheit« seiner späten Diktion überführt. Eine vollendet präzise, eindeutige und vom Sprachfall durchaus prosanahe Frage – »Weh mir, wo nehm' ich, wenn es Winter ist, die Blumen und wo den Sonnenschein?« – gewinnt durch Hölderlins neuartige Fügungen von Vers und Rhythmus ein enormes sprachliches und affektives Gewicht. Kraft dieser Verbindung von prosaischer Nüchternheit der Diktion und Pathoserzeugung durch Rhythmus und Verszäsuren erhält das paradoxe Prädikat des »Heilignüchternen« eine weitere selbstreflexive Dimension für das Gedicht.

Die erste Strophe zeigt eine andere Konfiguration von Satz, Syntax und Rhythmus. Verszäsuren und rhythmische Gruppen wahren eine wesentlich engere Fühlung mit den syntaktischen Untergliederungen und Sinneinheiten; so ergibt sich ein weicherer Gesamtverlauf, letztlich eine sanft vorwärtsdrängende Bewegung vom ersten zum letzten Wort der Strophe. Und doch arbeitet Hölderlin auch hier mit der Häufung starker Akzente und ihrer zusätzlichen Beschwerung durch Isolierung an der Versgrenze. Die ersten beiden Verse etwa bringen an sechs Hebungspositionen nicht weniger als ebenso viele semantisch und dynamisch gewichtige Akzente: »Mit gélben Bírnen hánget / und vóll mit wílden Rósen«. Während beim frühen Hölderlin die gleichmäßig starke Füllung von Hebungen noch das Phänomen des klappernden Rhythmus bewirkte,[11] ergibt sich hier ein eher langsames, von Fülle und Schwere gesättigtes Voran- bzw. Hinabschreiten des Verses – als ob das Gewicht der reifen Birnen und vollen Rosenbüsche sich auch den Silben mitteilte. Selbst die im Verhältnis zum Körper eher kleinen Köpfe der Schwäne werden in diesem rhythmischen Kontext wie von selbst zu gewichtigen ›Häuptern‹. Die Nachstellung des Satzsubjekts und die ungewöhnliche Einfügung des Verbs »hänget« zwischen zwei durch »und« verbundene adverbiale Ausdrücke sorgen dafür, daß die rhythmische Beschwerung beinahe jeder einzelnen Hebung – und die damit einhergehende Tendenz zur Verselbständigung der Worte gegen die Satzkurve – durch starke gegenläufige Mittel der syntaktischen Bogenspannung mehr als ausgeglichen wird.

Die beiden polaren Strophen des Gedichts arbeiten also in

feiner Abstufung mit den gleichen Mitteln, die Hölderlins große freirhythmische Oden prägen. Oder anders: die durch das Pindar-Studium gewonnenen sprachlichen Formen – die »pindarisch« oder »pindarisierend« genannt werden können, auch wenn sie dem heutigen Stand der Einsicht in Pindars Metrik und Syntax nur unvollkommen entsprechen – sind auch in *Hälfte des Lebens* durchgängig präsent. Von den drei gut untersuchten Ebenen des Hölderlinschen Pindarisierens – Redeanlaß und Inhalt (1), einzelne Motive (2) und formale Merkmale (3) – bleibt zumindest die dritte auch in *Hälfte des Lebens* spürbar. Die dabei erfolgte Abkopplung von jeder inhaltlichen Pindar-Nachfolge und die Versetzung in den Raum eines extrem kurzen Gedichts sorgen dafür, daß die pindarischen Merkmale genau so kryptisch bleiben wie die sapphischen und die alkäischen. In rein formaler Hinsicht kann das Gedicht demnach mit gleichem Recht als ein pindarisierendes Kurzgedicht einerseits, als ein frei mit Fragmenten der sapphischen und der alkäischen Ode arbeitendes Gebilde andererseits gelesen werden.

Damit zurück zu dem metrischen Material, das Hölderlin in die freirhythmische Sprache einschmilzt und zugleich an herausgehobener Stelle – wie Titel und Schlußvers – ausstellt. Die Kombination sapphischer und alkäischer Formelemente in Hölderlins beiden herausragenden Kurzgedichten hat einen markanten dichtungstheoretischen Resonanzraum: die Bestimmung der strophischen Ode, ja der lyrischen Muse überhaupt durch die Polarität von Sappho und Alkaios. Herder schreibt: »Alcäus und Sappho, der Lesbier und die Lesbierin, können uns für Urbilder der Ode in ihren beiden Hauptgattungen, der kühnen und zarten Ode gelten«; ihre »Gesänge« – von denen nur sehr wenig erhalten ist – seien der »reinste und schönste Kranz der griechischen Lyra«.[12] Von den gut hundert Jahre später ›erfundenen‹ Strophenmaßen des Pindar unterscheiden sich die sapphischen und alkäischen Oden nicht nur durch den geringeren Umfang und die geringere metrische Komplexität, sondern auch durch eine andere Rolle der (imaginären) Stimme. Pindars Lieder, so Friedrich Schlegel, geben stets auch einer »öffentlichen Empfindung«, einem kollektiven Gehalt eine Stimme. Sie sind Chorlyrik, selbst »wenn sie nicht von Chören gesungen wurden«. Denn sie sind »nach Art derselben gedichtet: es ist eine *öffentliche Stimme*, keine einzelne, die in ihnen redet«.[13] Sapphos und Alkaios' imaginäre Stimmen stehen dagegen radikal für sich selbst: sie machen »*Einzelheit und Individualität* zum Prinzip« und »suchen gewöhnlich nur die individuellen Gefühle [...] auf das kräftigste und klarste auszudrücken«.[14]

Ein derartiges Verständnis der monodischen lesbischen Lyrik stößt in der heutigen Forschung auf Widerspruch; gegen jede allzu modernisierende Deutung werden die spezifischen sozialen Redekontexte und der kultisch-religiöse Horizont der lesbischen Lyrik, gelegentlich auch ihr philosophischer Gehalt[15] geltend gemacht. Daß Schlegels Befunde eingeschränkt und historisch modifiziert werden müssen, bedeutet aber keineswegs, daß sie nicht grundsätzlich treffende Merkmale einer vergleichenden Bestimmung von Epos, äolischer Lyrik und attischer Tragödie anbieten.[16] In jedem Fall stehen Schlegels Sätze für eine schlechthin tonangebende moderne Rezeption Sapphos, die von Herder über die Romantiker und Hegel bis weit ins 20. Jahrhundert kaum je angefochten wurde und so zu einer Realität sui generis geworden ist. Und die elementare Unterscheidung von öffentlicher und individueller Stimme, von sozialer bzw. religiöser und privater Agenda artikuliert in der Sprache eines Hölderlin bekannten Zeitgenossen zugleich die exzentrische Position, die Pindars Dichtung zum (modernen) Begriff der »Lyrik« überhaupt einnimmt. Mehr noch: diese Unterscheidung ist auch für Hölderlins Werk durchaus aufschlußreich. Denn je ›pindarischer‹ seine großen ›Gesänge‹, desto mehr geriert sich die Stimme des Dichters als Künder, ja Wegbereiter höheren »Zusammenhangs« (IV 275), heiße er nun »Gott«, »Volk« oder »Vaterland«. Pindar verstand die preisenswerten Formen des Religiösen und Sozialen als qua Tradition gegebene, aber lebensweltlich bedrohte und daher aktiv vom Dichter zu bewahrende bzw. zu reaktivierende. Hölderlins pindarische Oden dagegen haben nicht so sehr eine bereits gegebene Referenz, die sie preisen können, sie sind vielmehr – im Sinne des idealistisch-romantischen Projekts der »neuen Mythologie« – allererst der historischen Schaffung solcher religiös-ideologischen »Sphären« (IV 278) von kollektiver Sinnpotenz und Integrationskraft verschrieben.[17] Dies steigert Pindars hochfliegende Ambition dichterischen Sprechens aus der Rolle eines konservativen Bewahrers in diejenige eines ›revolutionären‹ Religionsstifters; weiter kann die (narzißtische) Selbstzuschreibung der Macht des Dichterwortes kaum getrieben werden. *Hälfte des Lebens* hat an diesem (über)ambitionierten Projekt keinen Anteil, zumindest keinen positiven; das Gedicht stellt allenfalls das Versagen der dichterischen Schwanen-Rolle fest.

Der moderne Begriff der lyrischen Verbindung von Sprache, Musik, individueller Stimme und ›Stimmung‹ – wie er als ein theoretischer Begriff allererst von Herder und Schlegel (mit)geprägt wurde – steht Sappho und Alkaios weitaus näher als Pindar. Hegel hat in seiner differenzierten Bestimmung des Lyrischen zwar ausdrücklich dessen prinzipielle Vereinbarkeit mit allgemeinen Inhalten und substantiellen Zwecken betont; Pindar und Klopstock erfahren sogar eine besonders ausführliche Behandlung. Gleichwohl schreibt auch Hegel:

> Am vollständigsten lyrisch ist [...] die in einem konkreten Zustande konzentrierte Stimmung des Gemüts, indem das empfindende Herz das Innerste und Eigenste der Subjektivität ist, die Reflexion und aufs Allgemeine gerichtete Betrachtung aber leicht in das Didaktische hineingeraten oder das Substantielle und Sachliche in epischer Weise hervorheben kann.[18]

Letztlich teilt Hegel daher Schlegels Sicht auf das Lyrische: »die eigentliche lyrische Reflexion und Leidenschaft« sieht auch er zuallererst an die Namen Sappho und Alkaios gebunden.[19] Als dezidiert pindarischer Dichter stellt sich Hölderlin geradezu programmatisch gegen diesen machtvollen, trotz erheblichen Widerstands sogar von Hegel geteilten ›romantischen‹ Konsens.[20] *Hälfte des Lebens* dagegen bewegt sich durchaus *auch* im Feld jenes Lyrischen im engeren Wortsinn, dessen antike »Urbilder« Sappho und Alkaios sind.[21] Die einfache Opposition der beiden antiken lyrischen »Urbilder« Sappho und Alkaios als »zart« und »kühn« weicht schon in Herders programmatischem Aufsatz *Alcäus und Sappho. Von zwei Hauptgattungen der lyrischen Dichtkunst* einem komplexeren Differenzmodell: »Alcäus, Sappho, und ihre Freundinn Erinna erfanden oder bearbeiteten Gesangweisen, die der *eigentlichen Ode* gleichsam Flügel ertheilet haben, und ihre ewigen, süßen Vorbilder worden sind. [...] Jedes dieser Sylbenmaaße ist mit einem *eignen Character* bezeichnet; alle aber beeifern sich dahin, daß sie Stärke und Milde, Schwung und Senkung, Auf- und Abspannung der Töne angenehm mischen.«[22] Die Zartheit der sapphischen Ode ist demnach mit »Stärke«, die Kühnheit der alkäischen mit »Milde« gepaart. Jede enthält die andere als Subdominante in sich. Eben dies faszinierte auch Hölderlin. Wie er an der »unglüklichen Sappho« die doppelte Fähigkeit rühmte, das »Sanfte« mit »unnachahmlicher Heftigkeit« und zugleich analytischer Kälte der Beobachtung darzustellen, so am »hizigen Alcäus« eine analoge Selbstverdopplung in heftig und sanft:

> Alcäus wollte sich Heldenruhm erringen, und ward geschlagen: Alcäus fachte Aufruhr an, und ward verbannt [...] Mit eben der Heftigkeit, [...] mit welcher Sappho ihre Empfindungen schildert, spricht Alcäus von Schlachten und Tyrannen. Eben so meisterhaft wie Sappho trifft er im Gegentheil das Sanfte und Anakreontische. (IV 197)[23]

Ein solches chiastisch umgewichtetes Enthaltensein gleicher Merkmale in den Liedern der Sappho und des Alkaios gilt auch für die metrische Form. Nicht nur machen beide Dichter einen unterschiedlichen Gebrauch von den gleichen Grundmetren der äolischen Lyrik, sie benutzen gelegentlich auch direkt die Vers- und Strophenform des jeweils anderen: Alkaios die sapphische und Sappho die alkäische Form.[24] Hölderlins Mischung sapphischer und alkäischer Versfragmente greift insofern ein Grundprinzip äolischer Lyrik selbst auf. Sie nimmt auch metrisch jene Konfiguration von Polarität und Ähnlichkeit, von Komplementarität und wechselseitiger Durchdringung ernst, welche die zeitgenössische Lyrik-Theorie an den Oden Sapphos und Alkaios' als an zwei Grundformen des Lyrischen überhaupt beobachtete.

Für Schlegel stellen die gemeinsamen, nur je unterschiedlich gemischten Charakteristika der sapphischen und der alkäischen Ode den weiblichen und den männlichen Pol der Lyrik dar.[25] Diese symbolische Geschlechtlichkeit des Lyrischen ist, trotz der Bipolarität auch des Alkaios, nicht symmetrisch ausbalanciert. Unter der grammatischen Kautele eines Konjunktivs und unter Verweis darauf, daß die griechische Antike zwar berühmte Dichterinnen, aber keine auch nur mäßig bekannte Dramatikerin oder bildende Künstlerin hervorgebracht habe, wagt Schlegel vielmehr eine weitergehende These: man »könnte«, so Schlegel, die melisch-lyrische Begeisterung eine »*weibliche* Begeisterung« nennen, »wie die dramatische die *männliche*«.[26] Von hier aus ergibt sich eine maßgebliche Bedeutung Sapphos und Diotimas für die wenig später erfolgende Konstruktion des Romantischen. Auch der Roman, die romantische Dichtart par excellence, wird nämlich als eine »weibliche Dichtart«[27] apostrophiert, und von der »selbständigen« und »gebildeten« Weiblichkeit heißt es geradezu programmatisch: »In allem Romantischen das Weibliche herrschend; die gebildete Weiblichkeit zu den Legenden der Kunst / dahin die Mythologie von Musen – Aspasia – Diotima pp.«[28]

Hölderlin hat an der genuin romantischen Praxis, die Differenz »männlich«–»weiblich« explizit in die Erörterung von Literaturgattungen einzubeziehen, gewiß keinen Anteil – wie überhaupt seine Terminologie weder die eklektisch-enzyklopädische Breite noch das Spielerisch-Kombinatorische noch das Ironische der Schlegelschen Begriffsalchemie zeigt. Er trifft sich aber mit Schlegel in der markanten Orientierung am gleichen historischen und mythologischen Gestaltenfundus für das gemeinsame Kernphantasma »gebildeter Weiblichkeit«: eben in der Verehrung Sapphos und Diotimas als Überblendungen von vorbildlicher Dichterin (Denkerin), intellektueller Mutter-Figur und zugleich idealer musenhafter Geliebter. Die männliche Begeisterung für diese weibliche Mehrfachrolle zehrt von dem Ideal einer universalisierten, intellektuelle und symbolische Gleichberechtigung einschließenden Geschlechter-Kommunikation, letztlich dem romantischen ›Liebescode‹. Psychoanalytisch birgt diese Mehrfachrolle zugleich erhebliches Konfliktpotential: sie hat inzestuöse Momente, insofern sie *auch* eine ins Intellektuelle verschobene Liebe zur großen Frau (= Mutter) darstellt; sie hat Momente einer latent phobischen Abhängigkeit, insofern der männliche Autor-Liebhaber ohne die verehrte Muse uninspiriert, unglücklich, letztlich ›impotent‹ wäre; und sie hat schließlich das nicht ungefährliche Moment einer Infragestellung der väterlichen Autorität im Symbolischen – eine Herausforderung, die nach Julia Kristeva tendenziell das Risiko psychotischer Desintegration mit sich bringt, sofern die Position väterlich-symbolischer Autorität maßgeblich das Realitätsprinzip stützt.[29] (Dies sind allerdings Implikationen, deren weitere Verfolgung jenseits von Ziel und Rahmen der vorliegenden Studie liegt.) Hölderlin verfügte weder über den urban-ironischen Sinn, mit dem der frühromantische Schlegel die abgründigen Seiten der Liebe zu (imaginierter) weiblicher Autorität abfedern konnte, noch lag ihm die christlich-religiöse Wendung ins ungefährlichere und sozial akzeptierte Feld katholischer Marien-Verehrung, wie sie der spätere Schlegel nahm. Von Schlegels Satz, Diotima sei eine ebenso »nothwendige Idee der Sokratischen Philosophie wie Madonna der katholischen Religion«,[30] findet bei Hölderlin nur die erste Hälfte eine virulente analogische Anwendung.

Zurück zu Sappho und Alkaios. Anders als bei Herder erhält Sappho bei Hölderlin und Schlegel letztlich ein Übergewicht über den alkäischen Pol der äolischen Lyrik. »Sappho«, so Schlegel, »war ein Höchstes in ihrer Art, vollkommen wie Sophokles, und erstaunenswürdig wie Homeros in der seinigen.«[31] Ihre »Gesänge« seien das Muster »vollkommner lyrischer Schönheit«.[32] Da das Melos der äolischen Strophen unwiederbringlich verloren ist, beschränkt sich ihre positive Charakteristik auf eine Interpretation der metrisch-rhythmischen Gegebenheiten. Über deren sehr summarische Kennzeichnung durch Herder und Hölderlin ist allein Friedrich Schlegel hinausgegangen. In literarhistorischer Hinsicht hat Schlegel den Charakter der alkäischen und sapphischen Strophe als Transformation der vor-strophischen und vor-lesbischen Lyrikformen Jambus und Elegie gedeutet:

> In der noch unvollkommnen, bloß rhythmischen Lyrik, ist allerdings auch die jambische Weise überwiegend männlich und herb, die Elegie aber neigt zum Ausdruck des Weichen, Schwebenden, Dahinsinkenden, Weiblichen. Diese zwiefache Richtung des lyrischen Ausdrucks, wird nun in den strophischen Versarten der aeolischen Schule zur Schönheit des Gesanges gesteigert; indem sich das Alkäische Maß, selbst in seinen Bestandtheilen, wie auch durch die rasch hinansteigende Richtung und schnelle geflügelte Bewegung der überströmenden Kraft, dem jambischen anschließt, das Sapphische aber, wenn auch nicht in der Zusammensetzung des einzelnen, so doch in der Weichheit des ganzen Ausdrucks und dem sanften Gange sich dem Elegischen nähert.[33]

In einer anderen seiner wenig bekannten altphilologischen Frühschriften hat Schlegel diese metrische Deutung der sapphischen und alkäischen Ode noch verfeinert. Für die Frage, was in Hölderlins Mischung sapphischer und alkäischer Versteile auf dem Spiel steht, liefern Schlegels Formulierungen wertvolle Hinweise:

> Wie das Uebergewicht von Anspannung und Abspannung den Unterschied der steigenden und sinkenden Leidenschaften bestimmt, so hat der Rhythmus des Alcäus unter seinen Bestandtheilen sehr viel Jambisches, ist schnell, heftig und steigend und nähert sich ganz

dem leichten Schwung. Durch den trochäischen Doppelfuß zu Ende des dritten und vierten Verses erhält er den Ausdruck der allerhöchsten Unruhe und Unordnung. In den ersten beyden Gliedern des Ganzen ist Anspannung, in dem letzten sinkt die Kraft ermattet und abgespannt zu Boden. Ein rascheres Steigen ist nicht möglich als in den ersten Gliedern des Ganzen. Die göttliche Unordnung in der überflüßigen Sylbe der drey ersten Glieder. Ueberschäumende Kraft reiner Männlichkeit. Prächtiger, gewaltiger und rascher fängt kein Rythmus an. Das Sapphische Maaß dagegen sehr einfach. Überdem ist die Zahl der Daktylen größer im Alcäischen: daher mehr Schwung. [. . .] Das Sapphische Maaß nähert sich dem Elegischen. Die Richtung der Bewegung ist [. . .] trochäisch und sinkend. Von ihr kann man sagen: Die Liebe lehrt die Kunst. Amor, wie Plato sagt, ist selbst ein großer Dichter, und auch jeder, den er berührt, wird ein Dichter, wenn er auch vorher *amousos* war.[34]

Anders als bei der alkäischen Ode bleibt Schlegel beim »Wunder« der sapphischen Ode leider sehr viel ungenauer und verlegt sich sogleich wieder auf spekulative Aussagen über Liebe, Kunst und musische Begeisterung. Außer einer eher sinkenden Bewegung wird vor allem die Nähe zum Elegischen festgestellt;[35] beides ›paßt‹ allerdings gut auf die erste Strophe von *Hälfte des Lebens*. Andernorts hat Schlegel für das Wechselspiel von Sanftheit und Heftigkeit im Innern der sapphischen Ode eine evokative Bestimmung gefunden, indem er die »Sonderbarkeit« der »Lesbischen Poesie« der jonischen und dorischen gegenüberstellt:

Sybaritischer Wollust [hier eine Metapher für »lesbische Wollust«,[36] W. M.], welche bis ins Mark eingreift, sind Jonier unfähig, ist für Jonier zu tief und für Dorier zu zart. Sie setzt gleichsam eine unendliche Reizbarkeit der Triebe voraus bey einer zarten, aber nicht weichen Einbildungskraft; ihre Bilder sind erhabner wie die Jonischen, bestimmter und anschaulicher wie die dorischen. Sie vereinigt die innige Tiefe, die weiche Hoheit der Dorier mit der regsamen Heftigkeit, mit der raschen Beweglichkeit der Jonier.[37]

Die Kombination scheinbar entgegengesetzter Merkmale hatte schon (Pseudo-)Longin als das spezifisch Erhabene des sanften sapphischen »Feuers« gerühmt.[38] Herders, Hölderlins und Schlegels Sappho-Porträts bleiben in ihrem fundamentalen Merkmal, der Verbindung von Sanftheit und Heftigkeit, Longins Beobachtung verpflichtet. Sie tragen damit zugleich der Exorbitanz Rechnung, mit der Sappho schon in der antiken Literaturkritik übliche polare Zuordnungen sprengt: während Demetrius und Dionysius von Halikarnassos Sappho vor allem für die Süße ihrer Worte und die Weichheit ihre Wortfügung rühmen,[39] figuriert sie bei Longin als Meisterin eines erhabenen Kompositionsvermögens (das seinerseits nicht sein Gegenteil ausschließt). Demetrius' Sappho-Reflexionen nähern sich insofern denen Longins an, als sie Sappho dafür rühmen, sprachlichen Liebreiz und Anmut (*cháris*) auch solchen Gegenständen und stilistischen Figuren abzugewinnen, die dafür eigentlich ungeeignet sind oder gar zum Schrecklich-Erhabenen (*deinós*) neigen. Weibliche Autorität im Feld dichterischer Sprache erscheint in jedem Fall als eine solche, die herkömmliche, auch geschlechtlich konnotierte Polaritäten ›dekonstruiert‹.

Die Entdeckung sapphischer und alkäischer Verse und Versteile in Hölderlins *Hälfte des Lebens* ist nach alledem ein aufschlußreiches Datum. Sie positioniert das Gedicht, kraft seiner formalen Eigenschaften, in einem literaturtheoretischen Resonanzraum, in dem es um nichts weniger als die »Urbilder« lyrischer »Schönheit« geht. Im Begriff der »vollendeten Schönheit« treffen sich die Schönheit der goldenen Spätsommer- oder Herbstlandschaft, Adonis als das Substrat des sapphischen Adoneus und die Schönheit der lyrischen Begeisterung selbst. In allen drei Fällen ist Schönheit überdies an ein wehmütiges Hängen, Sinken und Dahinschwinden gebunden. Hölderlins subtile Konfiguration von Fragmenten kanonischer Odenmaße führt dabei durchaus neue, mit dem Vorbild Klopstock nicht mehr faßbare Bedeutungsmodi in das Spiel von Metrum und Rhythmus ein. Klopstock blieb darin der antiken Theorie des Rhythmus treu, daß er in »Zeitausdruck« und »Tonverhalt« von Silbengruppen – also in ihren rein materialen Eigenschaften – einen *unmittelbaren* Ausdruck von »Leidenschaften« sah.[40] Der Inhalt eines Gedichts mag die Leser zu hermeneutischen Verstehens-Anstrengungen nötigen und erreicht sie insofern grundsätzlich langsamer als die reine Deklamation. Die rhythmische Form dagegen – ihre Zeit-, Betonungs- und Zäsurmuster – affiziert uns immer instantan, »schnell«, wie Klopstock sagt,[41] und kann auch vieles mitteilen, was im Inhalt der Worte gar nicht enthalten und also »ungesagt« ist. Die klare semiotische Unterscheidung dieser Bedeutungsmodi hat Klopstock zu einer wunderbaren Formulierung inspiriert:

> Überhaupt wandelt das Wortlose in einem guten Gedicht umher wie in Homers Schlachten die nur von wenigen gesehnen Götter.[42]

Dieser Satz findet auf Hölderlins Gedichte genauso Anwendung wie auf Klopstocks, und doch ist der Modus des Ungesagten grundverschieden. Obwohl Klopstocks Gedichte – angefangen bei der Praxis der Voranstellung ihrer rhythmischen Partitur – oft einen Eindruck von Sprödigkeit, von rein intellektuell berechneten Experimenten und übermäßiger Konstruiertheit des Rhythmus machen, zielt seine Theorie doch auf unmittelbaren »Ausdruck« von etwas, das nicht bezeichnet wird und auch nicht vollständig sagbar ist: in Goethes berühmter Terminologie mithin auf »symbolische« Korrespondenzen von sprachmaterialen Mustern und Affekten. Hölderlins später Umgang mit metrischen Anspielungen hat dagegen (auch) markante »allegorische« Züge. Denn die fragmentierten metrischen Zitate werden nicht allein um ihrer unmittelbaren Affektwerte willen neben- und gegeneinandergestellt, sondern mit ihren materiellen Merkmalen werden zugleich historische Wissensfragmente aufgerufen, die vom weit zurückliegenden Kontext ihrer ersten Verwendung – Sapphos und Alkaios' Oden – bis zur zeitgenössischen Debatte über die sapphische und alkäische Ode als Grundmuster des Lyrischen reichen. Die metaphorischen Korrespondenzen von rhythmischen Strukturen und Affekt sind so durch metonymische Kontiguitätsassoziationen überlagert; diese laden den Rhythmus mit semantischen Resonanzen mythischer, historischer und theoretischer Art auf. Mit Klopstocks schönem Satz zu reden, haben diese metrischen Allegorien – aus historischem Abstand mehr denn je – etwas Gespenstisches. Denn sie wandeln unerhört diskret, grundsätzlich inkognito und unsichtbar durch die Gedichte »wie in Homers Schlachten die nur von wenigen gesehenen Götter«. Die Gedichte nach 1805, ja Hölderlins gesamtes Werk nach seiner letzten eigenhändigen Veröffentlichung, machen radikal Schluß mit solchen metrisch gestützten Erscheinungen aus dem kanonischen Bereich des Griechisch- und Romantisch-Lyrischen. Vor dem Hintergrund dieser späten *tabula rasa* gewinnt der Abschiedsschmerz von *Hälfte des Lebens* auch in dieser Hinsicht eine selbstreflexive Dimension: bevor sie gänzlich aus Hölderlins Werk verschwinden, treten die idealen Muster des Lyrischen nurmehr als kaum noch gesehene metrische Gespenster auf – genau so wie die pluralisierten Schwäne, die kaum noch als Ikonen des stolzen Dichters erkennbar sind.

Für Phänomene wie diese bedarf es einer neuen Sub-Disziplin der Rhetorik, die »allegorische Metrik« heißen könnte. Wie Walters Benjamins Lektüren anderer allegorischer Strukturen hängt auch eine allegorische Metrik entschieden von extensiven Studien in historischer Semantik der Formen ab. Im hier untersuchten Fall etwa gibt es keinerlei direkten Weg von der Identifizierung des adoneischen Versmusters zur Interpretation seiner allegorischen Bedeutung. Vielmehr hängt die Interpretation von einem ausgiebigen Studium der Rolle Sapphos in der zeitgenössischen Poetik ab – und also von dem sehr spezifischen lyriktheoretischen Einsatz, der in einem besonderen Moment der Literaturgeschichte auf dem Spiel steht, wenn »Sappho« und ihre Lieder evoziert werden. Zur Signatur dieses Momentes gehört eine historische Dynamik in den Beziehungen von Lyrik, Rhythmus und Melodie bzw.

›Wohlklang‹. Während Sapphos Lieder mit ihrer (hypothetischen) Verbindung von Rhythmus und sprachlichem Melos den romantischen Topos eines Einklangs von Lyrik und Musik präfigurieren, legt Klopstocks Dichtung durch den dezidierten Verzicht auf Wohlklang und Melos die rhythmischen Muster als Formen bloß, die bei aller unmittelbaren Wahrnehmbarkeit ihrer Zeit- und Tonverhältnisse sowie ihrer Pathoswerte doch etwas Abstraktes bewahren. Hölderlin dagegen gibt den klopstockschen Formen einen ihnen unbekannten Wohlklang[43] und streckenweise auch ein starkes Melos (zurück); durch die allegorische Besetzung dieser Formen wahrt er aber zugleich eine spürbare Distanz zum romantischen Ideal der vollendeten Musikalität von Lyrik.

Der Widerstreit des Gedichts in sich selbst

Herder, Schlegel und Hölderlin waren sich einig, daß die »vollendete lyrische Schönheit« der »lesbischen Poesie« nicht einfach durch Nachahmung der Strophenmaße wiederholt werden könne. Schon Klopstock wollte in der Bearbeitung der antiken Strophenmaße nicht diese wiedergewinnen, als vielmehr der deutschen Sprache neue, zuvor ungeahnte Möglichkeiten erschließen. Herder hat die historische Inkommensurabilität dieser Dichtungen mit den modernen Gegebenheiten betont,[1] Schlegel diese Historisierung sogar auf die scheinbar elementaren menschlichen Affekte – wie Zorn, Bewunderung und insbesondere Liebe – ausgedehnt, an denen er in Antike und Moderne eine grundsätzlich andere Struktur erkennt.[2] Auch die Darstellungsweise »der lyrischen Poesie der Griechen« sei in der Moderne kategorial unwiederholbar. In dieser werde »jede poetische Darstellung des Absoluten sentimental«: sie setzt ein Bewußtsein von der Unerreichbarkeit des Ideals voraus und vollzieht, wie immer unausdrücklich, eine »Reflexion über das Verhältnis des Idealen und Realen«. Anders die »*Bruchstücke* der *Sappho*, des *Alcäus*«: diese nehmen gerade deshalb die Position »vollendeter lyrischer Schönheit« ein, weil sie »nicht sentimental« sind.[3] Das kaum je beachtete Lyceumsfragment 119 greift in der Phase von Schlegels entwickelter romantischer Poetik auf das Ideal des sapphischen Gedichts zurück und statuiert mit teils verschobenen, teils neuen Argumenten dessen ›Unmachbarkeit‹:

Sapphische Gedichte müssen wachsen und gefunden werden. Sie lassen sich weder machen, noch ohne Entweihung öffentlich mitteilen. Wer es tut, dem fehlt es zugleich an Stolz und an Bescheidenheit. An Stolz: indem er sein Innerstes herausreißt, aus der heiligen Stille des Herzens, und es hinwirft unter die Menge, daß sie's angaffen, roh oder fremd; und das für ein lausiges *Da capo* oder für Friedrichsd'or. Unbescheiden aber bleibt's immer, sein Selbst auf die Ausstellung zu schicken, wie ein Urbild. Und sind lyrische Gedichte nicht ganz eigentümlich, frei und wahr: so taugen sie nichts, als solche. Petrarca gehört nicht hierher: der kühle Liebhaber sagt ja nichts, als zierliche Allgemeinheiten; auch ist er romantisch, nicht lyrisch. Gäbe es aber auch noch eine Natur so konsequent schön und klassisch, daß sie sich nackt zeigen dürfte, wie Phryne vor allen Griechen: so gibts doch kein Olympisches Publikum mehr für ein solches Schauspiel. Auch war es Phryne. Nur Zyniker lieben auf dem Markt. Man kann ein Zyniker sein und ein großer Dichter: der Hund und der Lorbeer haben gleiches Recht, Horazens Denkmal zu zieren. Aber Horazisch ist noch bei weitem nicht Sapphisch. Sapphisch ist nie zynisch.[4]

Sapphisch und lyrisch heißt demnach: nicht »romantisch«, nicht »sentimental«, nicht »zynisch«, nicht machbar – und insofern: nicht modern. Und doch bleibt auch der romantische Schlegel der Chimäre des Sapphischen treu. Seinen Roman *Lucinde* nennt er eine »Sapphische Ode an die Harmonie« oder gar »eine Sapphische Ode auf die Sappho«, ein »scherzhaftes Gedicht von Sappho und ihren Mädchen«[5] – obwohl in dem publizierten Romantext von Sappho so wenig die Rede ist wie in Hölderlins *Hälfte des Lebens*. Und an anderer Stelle heißt es: »Unter allen Liederformen zur Lucinde vorzüglich Alkäische und Sapphische Ode passend, wegen der Beziehung auf Männlichkeit und Weiblichkeit.«[6] Schlegels Begriff des zeitgenössischen Sapphischen verschränkt die Behauptung einer poetischen Notwendigkeit (»müssen«) mit einer impliziten Anerkenntnis ihrer Unmöglichkeit (denn Gedichte werden nicht einfach gefunden). Ist *Hälfte des Lebens* ein solches notwendiges wie unmögliches sapphisches Gedicht?

Hölderlin selbst hat, nur wenige Monate vor der Niederschrift von *Hälfte des Lebens*, eine eigene Figur für die gleichzeitige Unmöglichkeit und Notwendigkeit der griechischen Vorbilder gefunden. Diese Figur bricht radikal mit jeder Korrespondenztheorie von Form und Inhalt, jedem rhetorischen aptum und jeder klassisch-ästhetischen Harmonievorstellung über die Struktur des Kunstwerks. Die Leistung der künstlerischen Form, so Hölderlin, besteht nicht in der glanzvollen Präsentation ihres Gehalts, sondern in der kompensierenden Eroberung dessen, was ihr am meisten fehlt. Sie errichtet ihre Meisterschaft nur *gegen* eine in entgegengesetzter Richtung wirkende Kraft, ja stellt förmlich die »Umkehr«,[7] eine *inversio* ihrer eigenen Grundlage dar.[8] Die negative Spiegelung, der Umschlag von schöner Fülle in kahlen Mangel, der sich in den Mythen von Adonis und Narcissus ebenso wie in Hölderlins Gedicht ereignet, ist zugleich eine Grundfigur von Hölderlins Poetik. Das Feld der Kunst ist danach generell ein Feld des Konflikts und des Übergangs zwischen zwei entgegengesetzten Polen. Im *Grund zum Empedokles* formuliert Hölderlin diese negative Beziehung des »Gedichts« zu seinem eigenen »Grund« geradezu als einen Imperativ der Verleugnung: »Es ist die tiefste Innigkeit, die sich im [...] Gedichte ausdrükt. [...] aber wie dieses Bild der Innigkeit überall seinen lezten Grund in eben dem Grade mehr verläugnet und verläugnen muß, [...] je unendlicher, je unaussprechlicher [...] die Innigkeit ist, [...] um so weniger kann das Bild die Empfindung unmittelbar aussprechen, es muß sie sowohl der Form als dem Stoffe nach verleugnen« (IV 150).[9]

Ein solches antagonistisches Modell des Kunstwerks wird in der Regel erst mit dem Namen Nietzsche assoziiert. In der *Geburt der Tragödie* liest Nietzsche die schöne apollinische Form der griechischen Kunst nicht – ›klassisch‹ – als die Steigerung einer selbst bereits schönen griechischen »Natur«, sondern als eine angestrengte Bändigung, als ein verdeckendes Trugbild. Dieses hindert eine entgrenzende dionysische Rauscherfahrung gerade noch daran, den Lebenswillen zu lähmen, und erlaubt ein Weiterleben in der Welt des »Scheins«.[10] Die apollinische Form ist demnach eine radikale Gegensetzung *gegen* eine Erfahrung und nicht deren idealisierendes Bild. Schlegel war vielleicht der erste, der an der griechischen Begrenztheit und Schönheit ein solches Moment des Apotropäischen und der Umkehr einer ihr entgegengesetzten Tendenz bemerkt hat – und zwar gerade an den Proto-Lyrikern Sappho und Alkaios. Die ›Erfindung‹ der durch ein Melos »schön« begrenzten, auf prägnante Weise endlichen Strophenform durch die lesbisch-äolischen Dichter liest er gerade als »Äußerung« eines neuen »Vermögens des Unendlichen«: »Das allgemeine Streben nach innrer und äußerer Begrenzung, welches das Zeitalter des Ursprungs des Griechischen Republikanismus und der lyrischen Poesie der Griechen so charakteristisch unterscheidet, war die erste Äußerung des erwachten Vermögens des Unendlichen.«[11]

Hölderlin hat den Gegensetzungs-Charakter künstlerischer Darstellung in seinem Brief an Casimir Ulrich Böhlendorff vom 4. Dezember 1801 mit den gleichen polaren Begriffen erläutert, deren Verschränkung er an Alkaios und Sappho gerühmt hatte: »Feuer« und »Geistesgegenwart«, »Pathos« und »Nüchternheit«, »Leidenschaft« und »Klarheit der Darstellung« (VI 425-426). Der griechischen Erfahrung, so Hölderlin, war »das Feuer vom Himmel«, das »heilige Pathos«, »natürlich« und »angeboren«. Die Kunstanstrengung der Griechen strebte in die entgegengesetzte Richtung: sie sucht gerade »Präzision«, »Klarheit der Darstellung« und »Nüchternheit für [ihr] Apollonsreich zu erbeuten, und so wahrhaft das Fremde sich anzueignen«. Für die Modernen diagnostiziert Hölderlin eine umgekehrte Situation. Ihnen ist unenthusiastische Nüchternheit, analytische Präzision, und »Klarheit der Darstellung ursprünglich so natürlich wie den Griechen das Feuer vom Himmel«. Diese geschichtsphilosophische Diagnose liegt auf einer Linie mit Schlegels Bestimmung der Moderne als der Herrschaft des Verstandes,[12] Hegels Definition der modernen »Prosa« der Verhältnisse[13] und Nietzsches Diagnose der Musik- und Dionysos-feindlichen Reflexionskultur[14]. Die inverse Analogie zur griechischen Kunst führt zur Konsequenz, daß die moderne Kunst die Tendenz hat, das ihr Fremde – das »heilige Pathos« und die »schöne Leidenschaft« – (wieder) zu »erbeuten«. »Es klingt paradox«, so Hölderlin, »aber ich behaupte es noch einmal [...]: das eigentlich Nationelle wird im Fortschritt der Bildung immer der geringere Vorzug werden. Deswegen sind die Griechen des heiligen Pathos weniger Meister, weil es ihnen angeboren war, hingegen sind sie vorzüglich in Darstellungsgabe.« Analog können die Modernen weniger die »Meister« nüchterner Darstellung – weil diese ihnen »natürlich« ist – als des ihnen fehlenden »Feuers vom Himmel« sein.

Diese erstmals im Dezember 1801 formulierte und in den beiden folgenden Jahren mehrfach variierte ›Theorie‹ scheint bestens zum verbreiteten Bild Hölderlins als des begeisterten Dichters und Künders zu passen: weil die Modernen von sich aus nüchtern sind, obliegt der Dichtung das künstliche Wiedergewinnen des den Griechen ›natürlichen‹ Pathos. Der Brief an Böhlendorff nimmt indes eine Wendung, die jeden direkten Weg in eine komplementäre Erzeugung ›verlorener‹ Leidenschaft auf eine neue und entschiedene Weise in sich bricht. Diese Brechung stellt eine Antwort auf das Problem dar, woraus denn der moderne Dichter das ihm »eigentlich« fehlende »Feuer« schöpfen soll, wenn auch, nein: gerade die griechische Kunst dieses »Feuer« nur in der Form der Verleugnung, der Verwandlung in gestalthafte Präzision zu lesen gibt. Wozu dann überhaupt das »Studium« einer den Modernen ohnehin entgegengesetzten und von ihnen nicht wiederholbaren Kunst? Hölderlins überraschende Antwort läuft formal auf eine doppelte Inversion hinaus; sie hat zugleich Züge einer psychoanalytischen Lektüre der Signifikanten auf das in ihnen entstellte Begehren hin. Wenn die griechische Kunst ihren modernen Liebhabern das »orientalische Feuer« allein in der Form meisterlicher Verleugnung überliefert, dann gibt es offenbar keinen Direktzugang zu dem »Grund«, aus dem die Griechen gesprochen haben. Dann kann nur das genaue und treue Studium der künstlerischen Verleugnungsleistung negative Zugänge zum Verleugneten, Spuren und Umrisse der in »Nüchternheit« verwandelten »Leidenschaft« liefern.

Wie kann dieses Studium der Griechen aber für die moderne Situation fruchtbar gemacht werden, in der Nüchternheit und Klarheit der Darstellung ja nicht umkehrende Kunstleistung, sondern einfache ›nationelle‹ Gegebenheiten ohne besonderen »Vorzug« sind? Hölderlins Lösung lautet: im Studium der »*méchané* der Alten« (V 195) wird uns unsere eigene Klarheit und Nüchternheit fremd. Wir erhalten die Chance, sie als etwas Fremdes neu zu lernen und sie anders und frei zu gebrauchen: »Das Eigene muß so gut gelernt werden wie das Fremde. Deswegen sind uns die Griechen unentbehrlich.« Sie sind uns also nicht allein und nicht zuerst ein Vorbild für das Pathos, das uns fehlt, ihnen aber geschichtlich »angeboren« ist, sondern mindestens ebenso »unentbehrlich« kraft der Präzision und Klarheit der Darstellung, die ihnen »fremd« war, uns dagegen »natürliche« Tendenz ist. Das Studium der griechischen Meisterschaft in der apollinischen Form ist insofern kein Lernen des uns Fremden, sondern ein Neu-»Lernen« des uns »Eigenen«.[15] Statt irgendeinen direkten und komplementären Weg zum uns »fremden« Pathos zu beschwören, betonen Hölderlins Überlegungen daher die Notwendigkeit einer reflektierten Selbstvertiefung in das eigene »Nationelle«. Statt das »orientalische Feuer« vom Himmel zur einzigen Leitinstanz modernen Dichtens zu erklären, steigert Hölderlin die Selbsterkundung der eigenen Nüchternheit gar bis zum Ideal eines berechenbaren, lehrbaren und zuverlässig von jedem wiederholbaren »Kalkuls« (V 195).

Peter Szondi hat im Böhlendorff-Brief daher nicht zuletzt eine Selbstkritik an Hölderlins eigenem früheren Werk, an der allzu unvermittelten und daher abstrakten, ›unlebendigen‹ Erzeugung von Pathos lesen können.[16] In der antiken Rhetorik heißt dieser Kunstfehler das *psychrón*: ungewollte ›Frostigkeit‹ als die Kehrseite einer sich selbst vereitelnden Prätention auf erhabenes Pathos. Hegel hat dieses *vitium* sehr treffend an Hölderlins großem Vorbild Klopstock diagnostiziert: »Aus übergroßer Wärme [...] wird in [...] nachbildenden Zeiten diese dann künstlichere Hitze leicht kalt und abstrakt. So sind z. B. viele hymnen- und psalmenartige Gedichte Klopstocks weder von Tiefe der Gedanken noch von ruhiger Entwicklung irgendeines religiösen Inhalts, sondern was sich darin ausdrückt, ist vornehmlich der Versuch dieser Erhebung« – ein angestrengter dichterischer Aufflug, der häufig »leer« und als etwas bloß »Gemachtes« erscheine.[17] Klopstocks ›vaterländische‹ Oden, neben Pindar die direktesten Vorläufer von Hölderlins »vaterländischen Gesängen«, erfahren gar folgenden Bescheid: »Wie groß daher auch das Bedürfnis war, eine allgemeine Volksmythologie, die Wahrheit der Natur und des Geistes in nationaler Gestaltung poetisch und wirklich vor sich zu haben, sosehr blieben jene versunkenen Götter doch nur eine völlig unwahre Hohlheit, und es lag eine Art läppischer Heuchelei in der Prätention, zu tun, als ob es der Vernunft und dem nationalen Glauben Ernst damit sein sollte.«[18] Hölderlins Selbstkritik[19] und die stilistische Wende der Werke nach 1801 können als ein Versuch verstanden werden, ebendiesen ›Fehler‹ zu vermeiden. Hölderlin macht das *vitium* Klopstocks, das Kalte bei aller Angestrengtheit des Pathos, zu einem positiven Merkmal der Diktion und nutzt es für eine neue Art der Pathoserzeugung, die eine ›dialektische‹ Rückkopplung an »Nüchternheit« enthält.[20]

Seit Norbert von Hellingrath haben Hölderlin-Leser wiederholt beobachtet, daß die wachsende Fremdheit und Komplexität von Hölderlins »späten« Werken vor der ›Umnachtung‹ (1801-1805) vielfach mit einer Nüchternheit und zumindest scheinbaren Schlichtheit neuen Typs einhergeht. Etliche freirhythmische Verse nähern sich – sieht man einmal von den Versgrenzen ab – sowohl in Rhythmus wie Diktion einer nur mäßig ›poetischen‹ Prosa an. Die vier Anfangsverse von *Der Einzige* etwa bestehen aus folgendem relativ schlichten Prosasatz: »Was ist es, das an die alten seligen Küsten mich fesselt, daß ich mehr noch sie liebe, als mein Vaterland?« Hölderlin verstärkte den Bruch mit jeder vorgegebenen Identifizierbarkeit poetischer Verse durch die radikale Kühnheit, mit der er Wortgruppen von minimalem poetischen Eigengewicht als selbständige Verse abgrenzte: »sie dennoch«, »gegangen mit«, »von nun an« (II 167-168), »geradezu«, »vieles wäre« (II 190-191), »und der«, »doch wenn« (II 202).[21] Eben durch solche Mittel erzielt Hölderlin eine subtile Befremdung der den Modernen ›natürlichen‹ Nüchternheit und Prosa. Gerade vor der Folie der Rückwendung zur Prosa werden auch noch die feinsten Valeurs der Tendenz zum »Feuer vom Himmel« spürbar: die späten »Gesänge« sind daher gleichzeitig nüchterner *und* begeisterter als die durchgängig auf Enthusiasmus und Erhabenheit abonnierten früheren Texte.

Der Anfangssatz von *Patmos* etwa – »Nah ist / Und schwer zu fassen der Gott« – erzielt nicht allein durch die Nachstellung des Satzssubjekts und die Paradoxie von Nähe und schwerer Faßbarkeit, sondern vor allem durch die scheinbar arbiträre, nur im Vers mögliche Zäsur hinter »Nah ist« ein erhebliches Pathos.[22] Das Gedicht verschafft der evozierten Parusie damit ein Moment verlängerten und verselbständigten Verweilens; überspitzt formuliert: der bloße Zeilenbruch wird auf unerhört diskrete Weise zum Einfallstor ›himmlischen Feuers‹. Solche kleinen Effekte kumulieren sich – unterstützt durch die fortgesetzte Verwendung traditioneller Mittel der Rhetorik des Erhabenen – in Hölderlins Sprachwelt zu einem starken Gesamteffekt. Der Rückverweis der künstlerischen Tendenz weg vom nüchternen »Grund« zum heiligen Pathos an ein Neulernen der eigenen Nüchternheit bricht insofern keineswegs mit der exzentrischen Bahn der »Umkehr«. Dem entspricht Karl Viëtors Einsicht: »Die große *Einfachheit* im Ausdruck ist vor allem für solche Partien der Hymnen charakteristisch, die irgendwelche religiöse Erkenntnisse auszusprechen versuchen.«[23] Schon Pseudo-Longins Traktat über das Erhabene hatte das Bibelwort »Gott sprach: Es werde Licht! Und es ward« als Muster einer inversen Vermehrung von Pathos durch Verminderung syntaktischen und semantischen Aufwands gepriesen: je lakonischer und klarer Gottes Satz, desto bewundernswerter seine Macht.[24] Hölderlins doppelt inverse Nüchternheit und Prosanähe bei gleichzeitig maximaler Erzeugung von Pathos transformiert rhetorische Devisen dieses Typs in eine geschichtsphilosophische Bestimmung dichterischer »Umkehr«-Meisterschaft unter den Voraussetzungen der Moderne. Das »heilignüchterne Wasser« in *Hälfte des Lebens* kann nicht zuletzt als ein Reflex dieser Poetik gelesen werden.

Das moderne Gedicht bringt ›Begeisterung‹ als kalkulierten Kunsteffekt hervor, während sie den Griechen geschichtlich »natürliche« Erfahrung und Inspirationsquelle war. Von dieser Warte erscheint das erhabene Pathos vieler Gedichte Hölderlins als eine mühevoll eroberte Gebärde. Sie ist genau das, was der moderne Dichter eigentlich, als sein »Eigenes« *nicht* beherrscht, worin er aber trotzdem die »alten Dichter« zu »übertreffen« sucht – nicht obwohl, sondern gerade weil diese darin einen apriorischen Vorsprung haben. Hölderlin ist demnach von Haus aus alles andere als ein enthusiastischer Dichter-Seher. Diese verbreitete Annahme verfehlt den programmatischen »Kunstkarakter« seines »heiligen Pathos«. Hölderlin will allein »Meister« in der künstlichen Erzeugung, im artistischen »erbeuten« dieses ihm zutiefst »Fremden« sein. Wer dieses Pathos gelegentlich als reichlich bemüht und angestrengt empfindet, erfaßt daher durchaus etwas, was zur förmlich herbeigezwungenen ›Natur‹ dieser alles »Eigene« ins Gegenteil verkehrenden Begeisterung gehört.[25]

Die Struktur der chiastischen Umkehrung regiert demnach die Leistung der Dichtung überhaupt. Dies gilt nicht allein für Hölderlins geschichtsphilosophische Diagnose von antiker und moderner Kunst überhaupt; es gilt gleichermaßen für die negativen Beziehungen von »Grund« und »Kunstkarakter« einzelner Werke. Von hier aus mag sich auch zumindest ein Verdacht ergeben, warum Hölderlin für das zunächst *Sapphos Schwanengesang* betitelte Gedicht, das er zusammen mit *Hälfte des Lebens* veröffentlicht hat, die sapphische Form beinahe gänzlich zugunsten der alkäischen aufgegeben hat. Die Logik umkehrender Darstellung erlaubt die Spekulation, daß der moderne Dichter ein künstliches Analogon des sapphischen »Feuers« nur im Medium von dessen – als chiastisch-umkehrende Spiegelung der gleichen Merkmale verstandenen – Komplements, eben des alkäischen Maßes, erschließen kann. Ist »das sapphische Gedicht zugleich wollüstig und schmerzlich elegisch«,[26] kann Hölderlin diese ihm »fremden« Leidenschaften, insbesondere die ›schöne Wollust‹, nur erreichen, indem er das sapphische Maß entweder ganz in sein Komplement übergehen läßt – wie in *Thränen* – oder fragmentiert und mit Bruchstücken der alkäischen Ode wechseln läßt wie in *Hälfte des Lebens.* Die Beinahe-Unlesbarkeit des Adoneus-Adonis in *Hälfte des Lebens* und der sapphischen Dimension von Hölderlins Dichtung überhaupt gehört zur notwendigen Bahn einer »Umkehr«, die niemals – auch negativ nicht – ihre eigenen Bedingungen und ihren eigenen Weg zugunsten des »Fremden«, nach dem sie strebt, aufheben kann.

Ein sapphisches Moment in Hölderlins großen pindarischen Gedichten?

Nach Hölderlins Theorie der dichterischen Form ist zu erwarten, daß die Logik der Selbstverleugnung der eigenen Tendenz auch für seine großen pindarischen Gedichte gilt. Pindars Preislieder stehen jedem sapphischen Lyrismus weitaus ferner als dies etwa für die Oden des Alkaios gilt. Mit Wolfgang Schadewaldts Worten: »In der Antike ist Pindar der Hauptvertreter der harten Fügung, während die monodischen Lyriker wie etwa Sappho die glatte Fügung haben«;[1] auch in Gestus, Sprechposition und Wirkungsabsicht sei die große Chorlyrik Pindars grundverschieden von »dem, was wir sonst als Lyrik kennen«, und stehe in mancher Hinsicht dem Gesetzgeber Solon und dem Tragiker Aischylos näher als der äolischen Lyrik.[2] An den Gegebenheiten von Hölderlins Sprache erfährt diese (vereinfachende) Polarisierung schon chronologisch eine interessante Komplikation. Hölderlins einzige durchgeführte sapphische Ode (*Unter den Alpen gesungen*) ebenso wie die ins Alkäische gewendete sapphische Ode *Sapphos Schwanengesang* (*Thränen*) und das stark vom sapphisch konnotierten Adoneus geprägte Gedicht *Hälfte des Lebens* stammen ja durchweg aus seiner pindarischen Phase. Und weiter: auf der Basis von Hölderlins Poetik der Entgegensetzungen liegt ohnehin und grundsätzlich der Verdacht nahe, daß die Anstrengung dichterischer Negativität, als welche Hölderlin die Form begreift, auch in seinen großen pindarischen Formen einen entgegengesetzten »Grund« bearbeitet. Da alle »Umkehr« und alle Negation Spuren des Negierten bewahrt, verlangen Hölderlins Texte – folgt man konsequent seiner eigenen Theorie – nach einer besonderen Aufmerksamkeit für Kipp-Phänomene, für diskrete Brechungen ihres eigenen Tons.

Und tatsächlich: die großen pindarischen Gebilde sind vielfach durchsetzt von einer obstinaten Wiederkehr des Adoneus, und zwar mit großer Regelmäßigkeit in der prädestinierten Position der Strophenklausel. Einige dieser Adoneen sind als eigene fünfsilbige Verse abgesetzt, wie »Íst eines Góttes.« (II 210), »Vón ihren Táten« (II 213), »Grótten zu béten« (II 222). Die meisten adoneischen Klauseln sind allerdings keine selbständigen Verse (wie sie es ja auch bei Sappho selbst nicht waren) und auch keineswegs immer durch ein klares Kolon innerhalb des letzten Verses abgeteilt. Sie stellen insofern nicht mehr und nicht weniger als eine diskrete Potentialität für das Lesen dar, eine allerdings, die sich erstaunlich regelmäßig demjenigen darbietet, der einmal auf das Muster aufmerksam geworden ist. Die ersten fünf Strophen von *Der Einzige* enden in diesem Sinne durchweg auf einen Adoneus: »únter den Ménschen«, »bín ich gegángen«, »Gáste verbérget«, »ándere féhlet«, »zǎhmte der Vǒlker«. Am Schluß der vierten Strophe von *Patmos* treten die Adoneen in ähnlich massiver Ballung wie in *Hyperions Schicksalslied* auf: »Gróßen das Gróße«, »Níe eine Waíde«, »Bleíbet im Ánfang«, »Géht dieses wíeder« (II 186). Zuvor finden sich bereits verstreut adoneische »Wortfüße« wie »wíederzukéhren« (Klausel von Strophe 1), »Schrítten der Sónne«, »schlǎfrig der Gárten« und andere. Es möge genügen, hier nur wenige weitere Beispiele für derartige – in ihrem Kontext selten völlig eindeutige, aber doch als metrische Latenz in den Vers eingeschriebene – adoneische Strophenklauseln in Hölderlins pindarischen Gesängen zu geben: *Wie wenn am Feiertage* (»Bäume des Haines«, »Kräfte der Götter«, »Seele des Dichters«, »heiligen Bacchus«, II 118-120), *Der Mutter Erde* (»Wolke des Wohllauts«, »Herz die Gemeinde«, »Laute gegründet«, II 123-125), *Die Wanderung* (»besser zu wohnen«, »Ahnen gedenken«, »Milde gerühret«, »Wolken des Ida«, »kommet, ihr Holden«, II 138-141), *Der Rhein* (»Küsten Moreas«, »Rasen des Halbgotts«, »Seele gegeben«, »die er gegründet«, »werden getrachtet«, »nenn ich den Fremden«, »alte Verwirrung«, II 142-148), *Mnemosyne* (»aber was ist diß«, »fehlet die Trauer«, II 194).

Schon Lachmann und Gaier haben auf die Häufigkeit solcher fünfsilbigen Gruppen als Klauseln der großen pindarischen Gedichte hingewiesen, ohne darin doch den Adoneus (wieder)zuerkennen.[3] Handelt es sich bei diesen häufigen – mindestens latenten – Adoneen in Klauselposition um sapphisch konnotierte Einsprengsel oder um ein integrales Moment der pindarischen Strophe selbst bzw. von Hölderlins Kenntnis davon? Zunächst ein Blick auf die von Hölderlin benutzte Pindar-Ausgabe Christian Gottlob Heynes. Diese enthält im ersten Teil des dritten Bandes eine eingehende metrische Analyse Gottfried Hermanns, die bei Pindar keine einzige adoneische Klausel diagnostiziert und allenfalls bei der Strophe der 7. Olympischen Ode eine adoneische Lesart der abschließenden fünf Silben zuläßt. Es ist kaum anzunehmen, daß Hölderlin Heynes Ausgabe so konsequent mißverstanden hat, daß er die zahlreichen adoneischen Klauseln seiner eigenen pindarisierenden »Gesänge« für metrische Nachbildungen des Originals halten konnte. Auf der Basis heutiger Ausgaben ist der Befund nicht weniger eindeutig: in Bruno Snells metrischen Schemata für Pindars Oden kommt der Adoneus überhaupt nicht vor.[4] Wilamowitz hatte noch zumindest eine adoneische Klausel, genauer: einen doppelt adoneischen Schlußvers in Pindars Werk gesehen.[5] Snell teilt die gleichen zehn Silben aber mit guten Gründen nicht in zwei adoneische Fünfsilbler, sondern in eine Vierer- und eine Sechsergruppe. Auch wenn alles Einteilen gegenüber Pindars Versen extrem schwierig ist:[6] die Häufigkeit, mit der Hölderlin seine eigenen pindarischen Strophengebilde, vielfach auch schon seine Pindar-Übertragungen in (mindestens potentiell) adoneische Klauseln münden läßt, stellt gegenüber dem Vorbild in jedem Fall eine markante Modifikation dar – und zwar eine, für die nur das überlieferte, von Klopstock und Hölderlin nachdrücklich bekräftigte Verständnis der sapphischen Strophe ein Muster liefert.

Beide Vergleichsebenen legen also den Schluß nahe, die Häufigkeit adoneischer Strophenschlüsse in Hölderlins pindarisierenden Groß-Gedichten als einen gezielten metrischen Wechsel zu lesen. Eine solche abschließende Wendung in ein sapphisch-äolisches Maß kann sich allerdings selbst noch auf eine charakteristische Technik der pindarischen Sprache berufen. Diese moduliert vielfach, durch Änderung von einer oder zwei Verspositionen, äolische in daktylische oder jambisch-trochäische Metren und umgekehrt; Hölderlins Lehre vom »Wechsel der Töne« könnte darin ein pindarisches Vorbild haben. Besonders häufig begegnet bei Pindar der Rekurs auf äolische Metren mit anschließender Modulation aus ihnen heraus: »Modulation out of aeolic is particularly common.«[7] Hölderlins adoneische Strophenschlüsse drehen – bei analoger »Verfahrungsweise« – die dominante Richtung der Modulation um: sie modulieren in das äolische Metrum hinein. Und um das Wechselspiel des Sapphischen und des Pindarischen in Hölderlin nochmals zu komplizieren: es war nicht zuletzt die Lyrik Sapphos und Alkaios', die mit ihrer Integration der älteren jambischen und daktylischen Metren in den Fundus der äolischen Formen und mit ihren Weisen wechselseitiger Bearbeitung Pindars Technik der Variation und Mischung überlieferter Metren mehr als nur vorbereitet hat.[8] Polymetrie ist geradezu das Wesen der griechischen Melopöie von Sappho bis Pindar: Metren werden angeschlagen, variiert, versetzt mit Gegentönen, ineinander überführt – dies ist die rhythmische Basis der lyrischen *mousiké*. Der an *Hälfte des Lebens* gewonnene Befund einer Mischung sapphischer, alkäischer und pindarischer Sprachelemente hört damit vollends auf, im Sinne Rudolf Borchardts ein pathologisches Indiz fortschreitender Desintegration zu sein. Hölderlin hat vielmehr, wie es scheint, in vollem Umfang verstanden, daß die lyrischen Sprachen seiner griechischen Vorbilder ihrerseits schon polymetrische »Gesänge« voller »Wechsel der Töne« und assoziationsreichen Referenzen ihrer Metren aufeinander sind.

In *Andenken* hat Hölderlin durch etliche über den Text verstreute adoneische Wortgruppen (wie »unter den Winden«, »langsamen Stegen«, »goldenen Träumen«, »duftenden Becher«, »fleißig die Augen«) seinen vielleicht bekanntesten

Adoneus überhaupt vorbereitet, der zugleich Schluß der Strophe, Schluß des (pindarischen) Gedichts und gnomischer Haltepunkt der Komposition ist: »Was bleibet aber, *stiften die Dichter.*« Es bezeugt Hölderlins Meisterschaft der verleugnenden Form, daß der freirhythmische Vers »Was bleibet aber, stiften die Dichter« geradezu zum Gassenhauer werden konnte, ohne daß erkannt wurde, daß die zweite Vershälfte ein perfekter deutscher Adoneus ist. Das metrische Hypogramm gibt den großen pindarischen Gebilden ganz buchstäblich eine sapphisch-adoneische Unterschrift. Die vielfache Rekurrenz dieses Musters macht es wahrscheinlich, daß es sich dabei um ein kalkuliertes Verfahren der Einschreibung handelt. Dieses Verfahren unterstützt von der Seite metrischer Affektsteuerung Hölderlins (eher anti-pindarische) Tendenz zu einer elegischen Grundierung der (pindarischen) Hymnik.[9]

Die großen pindarischen Gedichte und *Hälfte des Lebens* machen so in entgegengesetzten Mischungsverhältnissen von den gleichen polaren Tönen Gebrauch. Indem *Hälfte des Lebens* durch die Responsion von adoneischem Titel und Schlußvers ein sapphisch konnotiertes Sprachmoment stärker markiert als wohl alle anderen späten Gedichte Hölderlins, bereitet es kraft der kompositorischen Durchdringung der sapphischen mit pindarischen und alkäischen Elementen eine durchaus generelle Einsicht in den »Schmelzofen«[10] von Hölderlins später Sprache vor. *Hälfte des Lebens* ist mithin keineswegs ein Kuriosum am Rande einer völlig andersartigen Produktion in pindarischer Großform. Vielmehr zielt Hölderlins dichterische Arbeit der negativen Form auch und gerade in seiner pindarischen Phase durchgängig darauf, Merkmale des Pindarischen und der lesbisch-äolischen Lyrik trotz aller Verschiedenheit von Tonlage, Sprechposition und inhärentem ›Lyrismus‹ in ein komplexes Wechselspiel zu integrieren. Dem entspricht, daß gerade Sapphos und Alkaios' Lieder bei aller Orientierung an subjektiven Gefühlen eine lange Tradition der Lyrik – und zumal der weiblichen – begründet haben, die ebenso ›privat‹ wie eminent politisch ist. Die politische Agenda des späten Hölderlin muß daher nicht notwendig der pindarischen Weisheitslehre und Paränetik zugerechnet werden. Umgekehrt gibt Hölderlin – was in der Forschung kaum beachtet worden ist – die mediale Grenze der pindarischen gegen die lesbisch-äolische Lyrik offenbar gezielt auf. Angesichts von Hölderlins unerhört enger Anlehnung an Pindars Kompositorik, Sprachform, inhaltliche Grundstrukturen, mythische Horizontbildungen und dichterische Selbstreflexion wäre zu erwarten, daß seine »Gesänge« auch insgesamt den Charakter von Chorlyrik haben. Das ist aber offenbar nicht der Fall und von der Hölderlin-Forschung auch nie behauptet worden.[11]

Der männliche Hölderlin als pindarischer Dichter-Seher ist ein Produkt der mit Hellingrath einsetzenden Rezeption am Leitfaden der »harten Fügung« und der »vaterländischen Gesänge«. Vorher dominierte eher das Bild des allzu empfindsamen, allzu ›weichen‹ und im übrigen überirdisch schönen Dichter-Jünglings – ein Bild, das durchaus gut zum romantischen Theorem eines strukturell weiblichen Moments des Lyrischen paßt. Seine Verse erschienen als ein »Muster« der »Lieblichkeit«: »Wir glauben eine fremde und doch [...] vertraute, innig rührende Musik zu vernehmen« (VII 4, 53). Wie Achim von Arnim in Hölderlin vor allem »den grösten aller elegischen Dichter der Deutschen« erkannte (VII 4, 55), so setzten auch etliche andere zeitgenössische Portraits den Akzent auf das lyrische Affektspektrum zwischen »herzzerreißendem Schmerz« und »milder Wehmut« (VII 4, 51-52, 170, 234). Das pindarische Spätwerk erscheint in diesem Zusammenhang als das Sich-Preisgeben eines »zu fein besaiteten, zu zerstörbar gebauten Wesens« (VII 4, 124), einer »zartbesaiteten Aeolsharfe« an »wilde kühne Dithyramben«, die »immer noch schön«, aber nunmehr »furchtbar schön« sind (VII 4, 51-52). In der Sequenz der dichterischen Verkörperungen Hölderlins wird das Pindarisieren damit als ein »Sturm« verstanden, dessen »wilde Flammen« (VII 4, 52) ihn am weitesten von der »Weichheit und Sentimentalität« seines ›lyrischen Wesens‹ (VII 4, 130-131) entfernten. Diese Annahme kann sich durchaus auf Hölderlins späte Poetik einer Gegensetzung von »Grund« und »Kunstcharakter« des Gedichts berufen – eine Poetik, die für Hölderlins Schiller- und Klopstock-Phasen wohl noch nicht anzusetzen ist. Hölderlins Zeitgenossen lasen also im männlichen Seher und Dichterpriester noch immer den (imaginär weiblichen) Dichter des sapphisch-lyrischen Schmerzes mit. Sie vermieden es auf diese Weise, Hölderlins rastlosen und brennenden Ehrgeiz auf formale Aneignung und Überbietung aller seiner Vorbilder ausgerechnet an der Position »Pindar« in bruchlose Identifikation übergehen zu lassen. Denn Pindar gehört gerade nicht zur Urgeschichte algographischer Lyrik; Sappho, auch Alkaios, nicht aber Pindar sind kanonisch gewordene Gestalten einer Lyrik des Schmerzes, sowohl des sanfteren als auch des zerreißenden Schmerzes.

Nietzsche, ein hellsichtiger Hölderlin-Verehrer lange vor dem Einsetzen der großen editorischen und wissenschaftlichen Bemühungen des 20. Jahrhunderts, bemerkte noch wie selbstverständlich neben dem »Einherwogen im erhabensten Odenschwung« ein »Sich-Verlieren in die zartesten Klänge der Wehmut« und sah letztlich beide Pole als »dem reinsten, weichsten Gemüt entquollen«.[12] Theodor Ziegler sprach in diesem Zusammenhang von einem »allzu weichen und überzarten, fast weiblichen Empfinden« Hölderlins.[13] Auch Hellingrath verkannte neben der »harten Fügung« durchaus nicht das »schwellende süße Schluchzen oder Schmelzen der Oden«.[14] Indem er aber die großen pindarisierenden Gedichte zum »eigentlichen Vermächtnis« Hölderlins erklärte und sie als »Wort Gottes«[15] in »harter Fügung« auslegte, hat er einer umfassenden Umcodierung Hölderlins Bahn gebrochen, an deren Ende der sapphisch-»weibliche« Anteil weitgehend hinter der forcierten Rolle des männlichen Künders aus dem Blick geraten ist. Im zuvor überaus ›weichen‹ Bild Hölderlins hat damit der Männlichkeits-Kult des George-

Kreises frappierend starke und dauerhafte Spuren hinterlassen. Ohne diese symbolische Geschlechtsumwandlung wäre Hölderlin wohl nicht so leicht ein Taschenbuch-Begleiter deutscher Soldaten geworden.

Allein schon dem Siegeszug der Begriffe »harte Fügung« und »Parataxis« (als *einer* syntaktischen Devise harter Fügung) mag ein erheblicher Anteil an der symbolischen Geschlechtsumwandlung Hölderlins zukommen. Heidegger, Adorno und die ›dekonstruktive‹ Hölderlin-Rezeption haben auf je unterschiedliche Weise diesen von Hellingrath inaugurierten Trend verstärkt. Dadurch ist in den letzten einhundert Jahren tendenziell in Vergessenheit geraten, was für Hölderlins Zeitgenossen noch die erste und bestimmende Evidenz war: daß nämlich Hölderlin auch, wenn nicht zuallererst ein unübertroffener Meister der lieblichen Fügung (*harmonía glaphyrá*) war. Was in Gedichten wie *Heidelberg* oder *Andenken* so unverkennbar und unwiderstehlich ist, bleibt in unterschiedlichen Graden und Mischungen letztlich auch den anderen späten Gedichten eingeschrieben. Galt Sappho in der antiken Rezeption gleichzeitig als Meisterin der lieblichen Fügung wie der erhabenen Komposition,[16] so mag für Hölderlins harte Fügung auf der Basis seiner eigenen Poetik vermutet werden, daß sie als »Kunstkarakter« gerade einen entgegengesetzten »Grund« impliziert, der noch in der Form seiner »Verleugnung«, seiner negativen Bearbeitung, Spuren hinterläßt. Pointiert formuliert: zum Meister der harten Fügung konnte Hölderlin nur werden, weil er alle Geheimnisse der lieblichen und weichen kennt und diese auch in seiner späten Sprache nie vollständig ›verleugnet‹, sondern sogar kontrastiv verstärkt. Die Präsenz des sapphischen Adoneus mitten in den ›hartgefügten‹ Groß-Gedichten ist nur eines von vielen Elementen, die in diese Richtung weisen. Auch der Blick auf Hölderlins Pindar-Erbschaft könnte von hier aus differenziert werden. Denn so treffend auch Hölderlins späte Techniken harter Fügung aus seiner Beschäftigung mit Pindar erhellt werden konnten, Pindar selbst hat sich vor allem und regelmäßig für die Honig-Süße seiner preisenden Lieder gerühmt[17] – und sowohl die antike als auch die neuzeitliche Begeisterung für seine Sprache sind keineswegs auf das beschränkt, was die Hölderlin-Forschung seit Hellingrath »harte Fügung« nennt.

Hälfte des Lebens und *Wie wenn am Feiertage*

In seiner materiellen Überlieferung hängt *Hälfte des Lebens* direkt mit dem pindarischen Groß-Gedicht *Wie wenn am Feiertage* zusammen. An ebender Stelle, an der dieses Gedicht nach einem zweifachen »weh mir« die dichterische Aspiration, »die Himmlischen zu schauen«, als Hybris verwirft (»Sie selbst, sie werfen mich tief unter die Lebenden, / den falschen Priester«) und dann abbricht, hat Hölderlin unter Wiederverwendung des »weh mir« in mehreren Stufen *Hälfte des Lebens* niedergeschrieben. Peter Szondi hat der Beziehung von unvollendeter Hymne und fertiggestelltem Kurzgedicht eine interessante gattungstheoretische Interpretation angedeihen lassen.[1] Demnach scheitert die Hymne, weil es Hölderlin nicht gelingt, eine überpersönliche Sprechposition durchzuhalten und sich statt dessen einen Rückfall in die eher persönliche Darstellung eigenen Leidens – und damit ein Verfehlen des Hymnischen – anlastet. Das Scheitern der Hymne an der inhärenten Problematik einer hymnischen Sprechposition bringt genau an der Stelle, wo der pindarische Aufschwung in einen tiefen Fall ausgeht, den lyrischen Funken von *Hälfte des Lebens* hervor. (Hölderlin selbst hat übrigens seine »größern lyrischen Gedichte« (VI 436) der Jahre 1801 bis 1805 niemals als Hymnen bezeichnet. Wie Ulrich Gaier gezeigt hat, gibt es dafür auch starke gattungstheoretische Gründe.[2] Die Gedichte haben preisende Elemente und sprachliche Merkmale, die im weiteren Sinn als »hymnisch«

bezeichnet werden können; sie sind aber – anders als Hölderlins Tübinger Hymnen, die ausdrücklich so heißen – im engeren Sinne keine »Hymnen«. Die folgende Diskussion von Szondis Interpretation vernachlässigt diese Differenzierung.)

Albrecht Seifert hat überzeugende Einwände gegen Szondis Deutung der Beziehungen von *Wie wenn am Feiertage* und *Hälfte des Lebens* vorgebracht.[3] Gelegentliche Krisen in der dichterischen Selbstreflexion – Selbstvorwürfe, Evokationen dichterischen Scheiterns und Hindernisse diverser Art – gehören durchaus zum topischen Bestand der pindarischen Oden selbst; vollends die englischen ›Pindaricks‹ der Mitte des 18. Jahrhunderts machen den »vocational doubt« zu einem topischen Kern der Ode selbst.[4] Der Zweifel, ja die Verzweiflung des Dichters an eigenem Ungenügen und mangelnder Musen-Begeisterung begründet daher keineswegs einen unabwendbaren Abbruch des dichterischen Höhenflugs. Auch wurde Pindar schon von Longin ein regelmäßiger Umschlag übermäßiger Begeisterung in deren plötzliches Versagen – mythologisch: der Flug und Fall des Ikarus – attestiert.[5] Mehr noch: es scheint geradezu ein Formgesetz der pindarischen Hymnen, ihren eigenen Schwung gerade *nicht* durchzuhalten, sondern am Ende zu konterkarieren oder zumindest »verebben« zu lassen.[6] Hölderlins Poetik zielt, in einer Metakritik an Longins Pindar-Kritik, nicht auf eine Vermeidung solcher Umschläge, sondern auf ihre Integration in die dichterische »Verfahrungsweise« mittels eines kompositorischen Wechsels der Töne. Statt das Scheitern hymnischen Sprechens einzugestehen, gehört der Wechsel aus dem leidenschaftlichen »Feuer« in die radikale Ernüchterung für Hölderlin – wie eventuell bereits für Pindar – zum Formgesetz dieser ›hymnischen‹ Gebilde selbst.[7] Der Abbruch von *Wie wenn am Feiertage* darf daher, so Seiffert, nicht als notwendige Fragmentarik essentialisiert werden – zumindest nicht aus den von Szondi genannten Gründen. Und *Hälfte des Lebens* ist um so weniger ein lyrischer Funken am Rand einer gescheiterten Hymne, als das kurze Gedicht nicht etwa direkt die überschüssige Energie der vermeintlich abgestürzten Hymne ableitet, sondern offenbar in mehreren Ansätzen – und über einen längeren Zeitraum hin – als ein eigenständiges Gebilde komponiert worden ist. Szondi, so Seifert, hat mit unzureichenden Gründen kontingente räumliche Beziehungen von Hölderlins Schreibprozeß, die allein gesichert sind, in eine notwendige Problematik umgedeutet.

Fraglich ist schließlich auch, ob eine pindarische Hymne überhaupt so übersubjektiv zu sein hat, wie Szondi unterstellt. Abraham Cowley, Pindar-Übersetzer und Autor einer höchst erfolgreichen Sammlung von *Pindarique Odes* (1656), steht in einer langen Tradition von Pindar-Lesern, die gerade die Digressionen weg von den hymnisch besungenen Objekten und insbesondere die Rekurrenz auf den Dichter selbst hervorgehoben haben: »The *Ode* (according to the constant Custom of the *Poet*) consists more in digressions than in the main Subject: And the Reader must not be choqued to hear him speak so often of his own *Muse*; for that is a *Liberty which this kind of Poetry can hardly live without.*«[8] Was immer Pindar ansonsten preist, anmahnt und an »tiefe[n] Ansicht[en] über Reichtum, Herrschaft, über das, was groß und ehrenwert« ist, vorbringt, »vor allem«, so Hegel, besingt er stets auch »die Würde des Dichters« – also die eigene. Jede Feier eines Siegers bekräftigt zumindest implizit, meist aber auch ganz explizit die von höheren Mächten verliehene und von den Menschen anerkannte Autorität des Dichters: seine einzigartige symbolische Macht, den einen Siegestag in dauerhaften Ruhm zu überführen. Siegesfeier und Selbstfeier fallen auf diese Weise tendenziell zusammen.[9] Hegel hat diesen Befund noch zugespitzt. Die Selbstfeier ist für ihn der *eigentliche* Text der pindarischen Hymne: »So ehrt er [...] in seinen Gedichten nicht sowohl den Helden durch den Ruhm, den er über ihn verbreitet, sondern er läßt *sich*, den Dichter, hören. Nicht er hat die Ehre gehabt, jene Sieger zu besingen, sondern die Ehre, die sie erhalten, ist, daß Pindar sie besungen hat.«[10] In psychoanalytischer Perspektive kann Szondis Argument daher ins Gegenteil verkehrt werden: hymnisches Sprechen im Stile Pindars ist weniger eine Form gelingender Transsubjektivität des Sprechens als eine maximale Steigerung des dichterischen Narzißmus[11] in eine mythisch-religiöse Selbststilisierung. Diese beerbt alle Möglichkeiten (infantiler) narzißtischer Allmachtsphantasien,[12] präsentiert sich aber zugleich Überich-konform als eine von anderswo geborgte Autorität. Insofern ist *Hälfte des Lebens*, obwohl es eindeutig ›nur‹ das subjektive Leiden eines »ich« artikuliert, weit weniger narzißtisch, als es die großen pindarischen Gedichte sind, die ihren (narzißtischen) Größenwahn paradox durch dessen forcierte Steigerung – der Dichter als Seher und Mittler zwischen Mensch und Gott, die Heiligkeit des Dichteramtes – erfolgreich zu überdecken vermögen.

So gesehen mag das kleine lyrische Gedicht in der Tat eine Wahrheit über Hölderlins große und erhabene Poeme enthalten. Es deckt mit der Unhaltbarkeit und Krise der narzißtischen imago sich im Wasser spiegelnder Fülle zugleich die geradezu vorsätzliche Selbstblendung, die protonarzißtische Selbst-Mythisierung auf, die der Annahme und Überbietung pindarischen Sehertums zugrunde liegt. Wenn Hegel recht hat, daß Pindar alle historischen Anlässe und mythisch-religiösen Gehalte seiner Oden als Medien der Darstellung seiner selbst als Dichter überdeterminiert und gerade dadurch ein genuiner Lyriker ist; wenn Schlegels Rede von der »schönen Selbstbespiegelung in Pindar«[13] genauso auf Hölderlins Zustimmung gestoßen ist wie Schlegels Äußerungen über Sappho, dann markiert nicht *Hälfte des Lebens* den Pol lyrisch-narzißtischen Sprechens, sondern eher umgekehrt: das Unglück, das sich in der narzißtischen Spiegelung von *Hälfte des Lebens* ereignet, ist dann eine lyrische *second order observation*, welche den massiven Narzißmus dichterischer Selbstbespiegelung in den Bahnen pindarischer Hymnik offenlegt. Gewiß gehört die Reflexion über die gefährliche Position dichterischen Sprechens selbst schon zum Grundbestand der großen pindarischen Gedichte; aber diese Gefahrendiagnose ist ihrerseits noch Teil der Selbstheroisierung des Dichters. Sie findet noch innerhalb der narzißtischen Panzerung statt. Indem *Hälfte des Lebens* die denkbar unheroischen Jünglingsfiguren Adonis und Narcissus nicht nur evoziert, sondern zum formalen Medium lyrischen Sprechens selbst macht, durchschlägt das ›sapphische‹ Gedicht gerade die narzißtischen Befestigungen, die Hölderlin in so unvergleichlich kreativer Weise im Dichter-Heros Pindar finden konnte. In diesem Sinn ist vielleicht tatsächlich das kleine Gedicht ein exorbitanter Ort, an dem Hölderlin sich der inhärenten Problematik seiner großen pindarischen Gedichte stellt: nämlich gerade in dem Versuch überpersönlichen Sprechens – der Dichter als mythischer Heros und ›Mittler‹ – um so tiefer in ein kommunikatives Abseits und in immer größere Entfernung von lebbaren empirischen Weltbeziehungen zu geraten.[14]

Hängen – Stehen – Schweben

In der Philosophie der 1790er Jahre war die (Seiten-)Verkehrung durch wiederholende Darstellung ein Kernstück der Debatte über Wert und Unwert der Reflexion. Da das Ich sich im Akt der Reflexion in ein reflektierendes Subjekt und ein reflektiertes Objekt spaltet und diese Spaltung nur potenzieren, aber niemals aufheben kann, verfehlt es gerade sein Sein und seine Einheit. Die notwendige »Duplicität« aller Selbstreflexion produziert eine »endlose Entzweiung«; ihr »zertrennendes Geschäft« tötet die Identität »in der Wurzel«.[1] Fichte und Schelling postulierten daher letztlich die Notwendigkeit einer »intellektuellen Anschauung« als Ausweg aus dem fundamentalen Dilemma der Reflexion auf sich selbst. Schlegel und Novalis dagegen nobilitierten die entzweiende Reflexion, indem sie die Annahme eines völlig nichtduplizitären Seins aufgaben und die tötende Spaltung in Subjekt und

Objekt der Reflexion in eine Struktur des ›lebendigen‹ Schwebens *zwischen* diesen Polen transformierten. Die paronomastische Überblendung von »Schweben«, »Weben« und »Leben« entkräftete die Kritik der Selbstverdopplung: dem reflektierenden Schweben wurde zugetraut, in seinem eigenen differentiellen Gewebe allererst »das wozwischen geschwebt wird« zu »produciren«, statt nur eine vorausgesetzte präreflexive und völlig differenzlose Einheit nachträglich zu verfehlen.[2]

Hölderlins Gedicht scheint eine dritte Position zum Dilemma der Selbstspiegelung einzunehmen. Einerseits führt es höchst effektvoll vor Augen, wie das Bild der in den See hängenden Schönheit in ein negatives, tödliches Doppel umschlägt, dem alle Fülle unmittelbaren Lebens fehlt. Die negative, umkehrende Spiegelung der beiden Gedichthälften in sich selbst bezeugt, daß Selbstspiegelung alles Gespiegelte zur Hälfte einer anderen Hälfte macht und zugleich jede Möglichkeit ausschließt, des ungeteilten Ganzen habhaft zu werden. Hälftigkeit ist, als Spaltung in sich selbst, die unvermeidliche Folge für alles, das eine Relation von Reflexion und Spiegelung eingeht. Andererseits bebildert das Gedicht nicht einfach die Destruktivität und Tödlichkeit aller Narcissus-analogen Selbstspiegelung. Die herausragende sinnliche Kraft und Spannung, die das Gedicht aus der Umkehrung seiner in sich selbst gewinnt, widerspricht der Tendenz Fichtes und Schellings, in der Reflexion nur den trockenen und tötenden Verstand am Werke zu sehen. Ein freies Schweben zwischen den Polen im Sinne von Schlegel und Novalis wird gleichwohl nicht inszeniert. Die dissonante Gegenstrebigkeit von üppig-schönem Hängen und frostig-kahlem Stehen nähert sich zwar einer Balance abwärts ziehender und aufwärts strebender Kräfte durchaus an; das Auftreffen auf die Wasseroberfläche und das Hineintauchen der Schwanenhäupter aber transzendiert die Möglichkeit eines schwebenden Ausgleichs der Ab- und Aufwärtskräfte und mündet in eine direkte Richtungsumkehr.

Die romantische Philosophie des »Schwebens« stellt den Versuch dar, ein sich selbst tragendes Modell von Sein und Reflexion zu denken, das sowohl ohne einen festen Grund als auch ohne Bezug auf ein höheres transzendentales Signifikat auskommt. Die Bewegungskurve von Hölderlins Gedicht stellt dieses Modell in Frage. Sie unterwirft es einem asymmetrischen Kraftfeld, in dem der Abwärtssog in einen nicht näher bestimmten Abgrund letztlich stärker ist als das frei suspendierte Hängen in Fülle und Schönheit. Das Auftreffen auf die Oberfläche kompensiert die verlorene Balance des Hängens nicht durch einen soliden Grund. Die Wasseroberfläche ist durchlässig, unsicher und sogar gefährlich, und auch das Stehen der Mauern verspricht nicht stabilen Halt, sondern konnotiert allein sprachlose Kälte. Die romantische ›Lösung‹ scheitert, ohne daß eine neue in Sicht wäre. Dichtung kann nicht mehr fliegen nach dem Muster der enthusiastischen Inspiration; sie geht ebensowenig auf sicherem Grund; und sie kann auch nicht mehr, als »Schweben«, die Bewegungen von stehen, liegen, hängen und fliegen in einen romantischen Modus des Sich-selbst-Tragens hybridisieren. Dieser dreifachen Unmöglichkeit ein Bild von bezwingender Schönheit, einen multirhythmischen Klang und eine Überblendung von Eloge und Elegie abgewonnen zu haben, gehört zum Reiz und zum Reichtum dieses so kurzen Gedichts, das zugleich Natur- und Empfindungsgedicht, eine Reflexion der *midlife crisis*, eine Mischung sapphischer, alkäischer und pindarischer Verselemente, eine Neulektüre von Adoneus und Adonis, ein Remake von Ovids berühmter Episode über Schönheit, Spiegelung und Tod des Narcissus und Stellungnahme zur Poetik und Philosophie der Zeit ist.

Anmerkungen

Einleitung

1 Hölderlin, *Sämtliche Werke*, hg. von Norbert von Hellingrath, Bd. 4, S. XI (Vorrede).

2 Vgl. Bloom, *The Anxiety of Influence.*

3 Quintilian, *Inst.* 10.1.61.

4 Vgl. Schmitz, *Pindar in der französischen Renaissance.*

5 Vgl. Wilson, *The Knowledge and Appreciation of Pindar in the Seventeenth and Eighteenth Centuries* und Sühnel, *Pindars Musen-Anruf und die englische Musik-Ode.*

6 Opitz, *Buch von der deutschen Poeterey*, S. 60.

7 In diesem Abriß der Rezeptionsgeschichte folge ich Vöhler, *Pindarrezeptionen*, S. 1-6, 141.

8 Sogar Gottsched und seine Züricher Antipoden trugen ihren Konflikt nicht zuletzt im Medium zweier konkurrierender Pindar-Übersetzungen aus. Vgl. ibid., S. 143-155.

9 Ibid., S. 173 -181.

10 Dies gilt zumal – mit der Ausnahme Hölderlins – für die deutsche Lyrik nach 1800. Die englischen Romantiker (Shelley, Coleridge, Wordsworth) setzen die englische Tradition der »Pindaricks« noch mit einer gewissen Selbstverständlichkeit auch nach 1800 fort. Ihre ›pindarische‹ Produktion beerbt sowohl die enkomiastische Sprechrolle als auch das politische Moment der pindarischen Ode; anders als Hölderlin versuchen die englischen Romantiker Pindars Verse aber nicht in sprachlicher Hinsicht nachzubilden, sondern schreiben ganz selbstverständlich in gereimten Jambenversen. Auch der lyriktheoretische und der nationale Literatur-Kontext sind für Shelley und Hölderlin offenbar sehr verschieden. Gleichwohl ist zu bedauern, daß Hölderlins Dichtung gerade von deutschen Germanisten viel zu selten mit der zeitgleichen Lyrik in England verglichen wird. Vgl. Erkelenz, *Shelley's First »Pythian«.*

11 Auch die extreme Kommentarbedürftigkeit der zahlreichen historischen, lokalen und mythologischen Daten in Pindars Oden – an welcher die Pindar-Begeisterung von Ronsard bis Klopstock keinen Anstoß genommen hatte – wird im Raum des neuen Ly-

rik-Paradigmas zu einem Ärgernis, das die Leser gern den Gelehrten überlassen. Herders Versuche, »das eidos Pindars [zu] retten«, schreiben offenbar gegen ein verbreitetes Unverständnis zeitgenössischer Pindar-Leser an. Vgl. Herder, *Adrastea*, S. 444-448 und *Kritische Wälder*, S. 335-338 sowie Vöhler, *Pindarrezeptionen*, S. 206-215.

12 Dr. Johnson, zitiert nach: Wilson, *The Knowledge and Appreciation of Pindar in the Seventeenth and Eighteenth Centuries*, S. 323.

13 Die wissenschaftliche Erschließung Pindars macht gerade im Zeichen seiner literarischen Entthronung maßgebliche Fortschritte: Hölderlins Pindar-Studium fällt in die Zeit zwischen Christian Gottlob Heynes verdienstvolle Edition (1798-1799) und die maßgebliche ›Entschlüsselung‹ des metrischen Codes von Pindars Versen und Strophen in August Boeckhs neuerlicher Edition (1811).

14 Strabo XIII 617.

15 Die Stuttgarter Ausgabe druckt *Hälfte des Lebens* unter der Rubrik »Einzelne Formen« ab. Tatsächlich ist das Gedicht in der reichen Formenwelt von Hölderlins Dichtungen schwer einzuordnen. Sein Umfang schließt es an die zweistrophigen »Gedankenoden« der Jahre 1796-1798 an (II 242-261), Gebilde, welche beinahe durchweg in alkäischen oder asklepiadeischen Odenmaßen geschrieben sind, die durchschnittliche Länge ihrer antiken Muster aber weit unterschreiten (vgl. Viëtor, *Die Lyrik Hölderlins*, S. 183). Rhythmisch dagegen gehört *Hälfte des Lebens* – auf den ersten Blick zumindest – zu Hölderlins freirhythmischen Gedichten von der Art der großen, etwa zeitgleichen *Vaterländischen Gesänge*, zeigt aber keines der folgenden für die pindarische Produktion bestimmenden Merkmale: großer Umfang, hohes Pathos, (privat-)mythologische Systembildungen und Philosopheme, gnomische Lehrsätze und religiöser Anspruch. Die typischen Charakteristika der hölderlinschen Elegien – fortlaufende Langverse im Maß des elegischen Distichon, relativ ausführliche Entwicklung des elegischen Themas – treffen auf *Hälfte des Lebens* offenbar ebenfalls nicht zu.

Über die Merkmale der Kürze, der (scheinbar) fehlenden Selbstverrätselung und der Orientierung an Natur- und Landschaftsphänomenen könnte *Hälfte des Lebens* als eine Präfiguration der spätesten Gedichte – zumal der seriellen Jahreszeiten-

Gedichte – gelesen werden. Jeder nähere Blick gewahrt indes sofort den gewaltigen Abstand zwischen diesen Dichtungen. Die spätesten Gedichte entdecken auf eine neue, immer noch nicht auf den Begriff gebrachte Weise ebenjene gereimte, jambische Strophe wieder, gegen die der frühe Hölderlin – außer in der Zeit seiner ›schillerisierenden‹ Gedichte – beinahe genau so entschlossen angeschrieben hatte wie Klopstock. Doch nicht allein Metrum und Rhythmus markieren die Kluft zwischen *Hälfte des Lebens* und den späteren Gedichten über den goldenen Glanz des Herbstes. Die Gedichte nach 1820 verzichten konsequent auf jede ausdrückliche »Ich«-Instanz und ebenso auf jedes ausdrückliche Moment der Klage. Ihre gleichwohl unüberhörbare Traurigkeit ist in die Latenz der Texte abgetaucht und paradox an eine affektreduzierte Topik klagloser Affirmation gebunden: »und die Vollkommenheit ist ohne Klage« (II 284). Die Beobachtungsinstanz der spätesten ›Natur‹-Gedichte hat sich selbst aus der beobachteten Szene hinter das Fenster einer distanzierten »Aussicht« zurückgezogen; um so abstrakter, topischer und meist auch unsinnlicher erscheinen die oft attributlos evozierten Naturphänomene. *Hälfte des Lebens* dagegen vibriert förmlich – bei aller Kürze und Sparsamkeit der erwähnten Realien und Attribute – vor evokativer Konkretion und affektiver Verwicklung in die beiden entgegengesetzten Szenen.

Beissner war nach alledem gut beraten, *Hälfte des Lebens* keiner generischen Rubrik (Ode, freie Rhythmen, Elegie, Hymne), sondern der Nicht-Rubrik »Einzelne Formen« zuzuordnen. *Hälfte des Lebens* steht gleichwohl keineswegs quer zu Hölderlins sonstigem Werk; denn das Gedicht verbindet – positiv betrachtet – Merkmale aus beinahe allen hölderlinschen Sprachformen. Es ist freirhythmisch, wenn auch ohne die Tendenz der klopstockschen und der späteren hölderlinschen freien Rhythmen auf großes Volumen in Gedichtlänge und Tonlage. Es ist zugleich ›odisch‹, denn seine freirhythmischen Verse können – wie viele andere freirhythmische Verse Klopstocks und Hölderlins – über weite Strecken als Bricolage fragmentierter Odenverse gelesen werden. Es ist elegisch, sofern damit nicht die metrische Form der Elegie, sondern eine Sprechposition der Klage gemeint ist. Es ist – zumindest in verkleinertem Maßstab – auch hymnisch, sofern die erste Strophe das Bild einer goldenen und fruchtbaren Landschaft offenbar preisend evoziert. Und *Hälfte des Lebens* antizipiert schließlich auch einige Merkmale der nicht-freirhythmischen, nicht nicht-gereimten, nicht-odischen, nicht-elegischen und trotz aller Affirmation nicht-hymnischen spätesten Gedichte.

16 Die konsultierte Forschungsliteratur zu *Hälfte des Lebens* ist in der Bibliographie aufgeführt. Auf eine ausführliche Auseinandersetzung damit wird verzichtet. Besonders lohnend erscheint mir die Lektüre von zwei Arbeiten: Ludwig Strauss' Aufsatz *Friedrich Hölderlin: »Hälfte des Lebens«* von 1965 besticht immer noch durch eine Fülle subtiler Einsichten in die Bauart des Gedichts, und Michael Jakobs *Schwanengefahr. Das lyrische Ich im Zeichen des Schwans* (2000) bietet eine stringente Lesart unter inhaltlich-motivischer Fokussierung auf das Bild des Schwans.

17 Vgl. die Arbeiten von Krieger, Lachmann, Maeder und Seckel. Diese immer noch sehr verdienstvollen Arbeiten verzichten allerdings auf die Integration metrischer Analysen in weitere Lektüre-Ebenen und bieten daher auch keine »close readings« einzelner Gedichte an.

Ein Gedicht von der *midlife crisis*?

1 Vgl. Jakob, *Schwanengefahr*, S. 240-268 und Behre, *Mitte des Dichtens*, S. 104.

2 Vgl. dazu auch Bertaux, *Friedrich Hölderlin*, S. 399-406.

3 Vgl. Rosenberg/Rosenberg/Farrell, *The Midlife crisis revisited*, S. 47-73. Die anschließenden Ausführungen beziehen sich ebenfalls auf diese Studie.

4 Vgl. ibid., S. 53.

5 Anders als Beissner (II 665) halte ich es daher für fraglich, daß mit der »kritischen Lebenszeit« nach der Jugend, die Hölderlin hier beschreibt, wiederum die zweite Hälfte des Lebens gemeint ist.

6 Besonders programmatisch Kerényi, *Hölderlins Vollendung*, S. 30. Daß Hölderlin Gedichte geschrieben habe, »die an innerer Vollendung Alles übertreffen, was unsere Sprache oder eine andere Aehnliches aufstellen kann«, ist allerdings bereits in Hölderlins letzten Lebensjahren zu einem Topos der Rezeption geworden (VII 4, 175; vgl. auch VII 4, 262, 274).

Der (Sapphische) Adoneus als die metrische Signatur des Gedichts

1 Vgl. Plotius, *Artes grammaticae*, S. 516 und *Hesychii Alexandrini Lexicon*, s.v. *adonion*.

2 Sappho Fr. 168 (Voigt). Vgl. auch Fr. 117 B (Voigt).

3 Sappho Fr. 140 (Voigt), vermutlich auch Fr. 168 (Voigt).

4 »Adonium [...] a Sappho inventum«, heißt es bei Plotius, *Artes grammaticae*, S. 516.

5 Wilamowitz-Moellendorff, *Griechische Verskunst*, S. 399.

6 Die Praxis der graphischen Einrückung ist allerdings nicht immer eindeutig, da es auch Einrückungen gibt, die *nicht* den Zusammenhang mit der vorhergehenden Zeile indizieren, sondern allein ästhetisch-typographisch motiviert sind. Denkbar, ja wahrscheinlich ist, daß eine Einrückung des ersten Typs (= Index des Anschlusses an die vorhergehende Zeile) rezeptionsgeschichtlich vielfach als eine Einrückung des zweiten Typs (= ästhetische Gliederung) mißverstanden werden konnte. Auf diese Weise könnte die Vorstellung einer separaten vierten Periode der sapphischen Strophe entstanden sein.

7 Vgl. Snell, *Griechische Metrik*, S. 44-45.

8 West, *Greek Metre*, S. 32-33.

9 Vgl. Snell, *Griechische Metrik*, S. 44 und West, *Greek Metre*, S. 30.

10 Sappho et Alcaeus, *Fragmenta*, S. 15.

11 Wilamowitz-Moellendorff, *Griechische Verskunst*, S. 399.

12 Vgl. Binder, *Hölderlins Odenstrophe*, S. 47-75.

13 Klopstock, *Sämmtliche Werke*, Bd. 4, S. 96. Die beiden anderen sapphischen Oden sind *Die todte Clarissa* (1750; ibid., S. 68-69) und *Mein Wäldchen* (1778; ibid., S. 244-245).

14 Auch der Abschluß des Hexameters klingt zumindest im Deutschen regelmäßig wie ein Adoneus, so etwa folgende Versenden aus Hölderlins *Archipelagus*: »Lichte den Rücken«, »immer im Frühling«, »ruhest im Schatten«, »keine verloren«, »fühlenden Menschen«. Im Griechischen dagegen sind hexametrische Versteile und äolisch-lyrische Silbenmaße auch bei gleicher metrischer Notation hinreichend verschieden, da die langen Silben im Hexameter kürzere Zeitwerte als in der Lyrik haben. Die Übereinstimmung der Sequenz von Daktylus und Spondeus mit einem lyrischen Adoneus ist insofern nur vordergründig, ein Da-

tum der Augen-, aber nicht der Ohrenphilologie. Wilamowitz befand dazu lakonisch und ohne weitere Angabe von Gründen: »Der Adoneus kann mit einem daktylischen Metron nicht leicht verwechselt werden, obwohl dies formal identisch ist« (*Griechische Verskunst*, S. 399).

15 Bei gleicher Notation werden die ersten elf Silben der dritten Periode heute aber metrisch anders eingeteilt als die beiden ersten Perioden. Vgl. Snell, *Griechische Metrik*, S. 44-45 und West, *Greek Metre*, S. 32-33.

16 Von den folgenden sechs Strophenanfängen sind allerdings nur zwei weitere hinreichend eindeutig als rhythmisch markierte Adoneen zu identifizieren: »Immerzufriedner« und »Heilge Gesetze«.

17 Vgl. Klopstock, *Vom deutschen Hexameter*, S. 60, 80, 90.

18 Page, *Sappho and Alcaeus*, S. 318. Page sieht in der sapphischen Strophe folgende Gruppenbildungen und interne Beziehungen: »Cretic (– ⏑ –), and the element – ⏑ ⏑ – ⏑ –, linked by *syllaba anceps* (⏓) throughout, the stanza closing with a syncopated version of the element – ⏑ ⏑ – ⏑ –, – ⏑ ⏑ – (x) –, commonly called *adonius*.« Die fünfsilbige adoneische Klausel stellt demnach eine modifizierte, um eine Kürze gekappte Wiederholung einer sechssilbigen metrischen Gruppe dar, die zuvor schon jeweils die zweite Hälfte der drei identischen Verse dominierte. Der Adoneus bestimmt, so gesehen, die gesamte sapphische Strophe: was als Klausel in separater Hervorhebung erscheint, war zuvor bereits Vers für Vers durchlaufen, ›bearbeitet‹ worden.

19 Die Publikation von *Hälfte des Lebens* im Rahmen der neun *Nachtgesänge* bringt das Desiderat mit sich, das Gedicht als Teil eines Zyklus – und mithin wesentlich auf seine Beziehungen zu den anderen acht *Nachtgesängen* hin – zu lesen. Diese von der Forschung bereits mehrfach erwogene Möglichkeit habe ich hier ebenso wenig weiter verfolgt wie Sattlers kühne Anregung, Hölderlins neun Pindar-Kommentare zugleich als Kommentare zu den eigenen neun *Nachtgesängen* zu lesen (KT 15, 274). Jede eingehende Lektüre der anderen Gedichte hätte prinzipiell einen gleich großen Aufwand verlangt wie diejenige von *Hälfte des Lebens*. Dies habe ich hier weder leisten können und noch leisten wollen. Die weitgehende Beschränkung auf ein Gedicht – und insbesondere auf die Resonanzen seiner individuellen metrischen

Struktur – ist vielmehr das Konstruktionsprinzip der vorliegenden Studie. Daß einzelne vergleichende Aspekte damit dem Blick entgehen, ist anzunehmen.

20 Ferdinand de Saussure, der den Begriff in die Literaturanalyse eingeführt hat, denkt das »Hypogramm« als ein *thematisches* Wort, typischerweise als latenten Eigennamen, der vom Text entfaltet wird, und er schließt die Wortbedeutung der Unterschrift (Signatur) gerade aus (vgl. Starobinski, *Wörter unter Wörtern. Die Anagramme von Ferdinand de Saussure*, insbesondere S. 23-25). Gleichwohl ist der hier verwendete Begriff eines metrischen Hypogramms eine Analogiebildung zu Saussures Theorie einer ihrerseits *»verbalen Latenz* unter den Wörtern« (vgl. ibid., S. 126). Siehe auch Riffaterre, *La production du texte*, S. 75-88 und de Man, *Hypogram and Inscription*, S. 27-53.

21 Wolfram Groddeck hat mich darauf hingewiesen, daß gerade der Anfang von »Thränen«, der nur mit einer harten metrischen Beugung ins alkäische Maß gezwungen werden kann (»Himmlísche Líebe«), in jedem anderen Kontext zwanglos als ein Adoneus (»Hímmlische Líebe«) zu lesen wäre. Die alkäische Form läßt insofern noch Spuren der getilgten sapphischen durchscheinen.

22 Vgl. Heusler, *Deutsche Versgeschichte*, Bd. 3, S. 103-104 und 202-204.

23 Nimmt man den Schluß des vorhergehenden Verses hinzu (»séligen Aúgen«), handelt es sich sogar um eine Sequenz dreier Adoneen.

24 Lachmann kommt dieser Erkenntnis am nächsten. Er sieht sowohl inhaltliche wie formale Übereinstimmungen zwischen dem *Schicksalslied* und *Hälfte des Lebens*, bekommt gleichwohl aber nicht das gemeinsame Merkmal dicht gestreuter Adoneen in den Blick (*Hölderlins Hymnen in freien Strophen*, S. 42-43).

25 Schlegel, *Lucinde*, *S* 5, 25 und *Über die Diotima*, *S* 1, 115. Vgl. auch Herder, *Alcäus und Sappho*, S. 182-198.

26 Rilke, *Die Aufzeichnungen des Malte Laurids Brigge*, S. 929. Vgl. auch West, *Die griechische Dichterin. Bild und Rolle*, insbesondere S. 9 und 12-15.

27 Vgl. Goethe, *Werke* (Hamburger Ausgabe), Bd. 1 und 2, hier: Bd. 1, S. 124, 134 und 146-147. Weitere Goethesche Adoneen finden sich in *Pilgers Morgenlied* (86-87), *Gesang der Geister über*

den Wassern (143), *Meine Göttin* (144-146), *Glückliche Fahrt* (242), *Frühzeitiger Frühling* (246-247), *Symbolum* (340-341) und *Fünf Andere* (Bd. 2, S. 34-35). Den ersten Hinweis auf Goethes Adoneen verdanke ich einem Gespräch mit Howard Sterne. Nach Niederschrift der vorliegenden kurzen Ausführungen zu Goethe wurde mir eine vorzügliche, noch unveröffentlichte Studie Klaus Weimars über Goethes adoneische Gedichte bekannt (*Gedichte über Gedanken. Selbstzitat und Wechsel des Versmaßes bis hin zu »Gränzen der Menschheit«*); Weimar verbindet darin metrische Feinanalysen mit subtilen Einsichten in die semantische Bewegung der Gedichte. Die naheliegende Frage, warum Goethe ausgerechnet den Adoneus aufgegriffen und ob speziell dieses Kolon eine symbolische Signifikanz für Goethe hat, vermeidet Weimar dabei gänzlich. Dies bestätigt zumindest implizit die oben formulierte »Manier«-Hypothese.

Lohnend wäre eventuell auch – worauf mich Florian Klinger und Bernd Seidensticker hingewiesen haben –, den Adoneus bei Rainer Maria Rilke und Johannes Bobrowski zu untersuchen. Rilkes *Sonette an Orpheus* (I, 9 und I, 17) sind stark, ja vorrangig durch den Adoneus geprägt, und Bobrowski hat nicht nur (mindestens) eine vollständige sapphische Ode (*Ode auf Thomas Chatterton*) unter Wahrung der Silbenzahl und Nachbildung des Silbenmaßes geschrieben (und zwar ganz traditionell mit dem Adoneus als Klausel), der Adoneus begegnet auch in zahlreichen anderen Gedichten als der Schlußvers verschiedenster Strophen.

28 Vgl. die Zusammenstellung von Goethes Bemerkungen zu Sappho in Grumach, *Goethe und die Antike*, Bd. 1, S. 220. Dort auch die im folgenden zitierten Bemerkungen aus Anlaß von Welckers Schrift.

Sappho und Diotima

1 Vgl. Most, *Reflecting Sappho*, S. 21, 22, 25.

2 Vgl. Gaier, *Diotima, eine synkretistische Gestalt*, S. 152-155.

3 Schlegel, *Über die Diotima*, *S* 1, 71.

4 Ibid., 98.

5 Ibid., 94-95.

6 Ibid., 95.

7 Ibid., 115. Vgl. auch Schlegel, *Fragmente zur Poesie und Literatur* I, *S* 16, 241.
8 Aelianus, *Varia historia* 12, 19. Vgl. dazu Plato, *Symposium* 235c.
9 Schlegel, *Philosophische Lehrjahre*, *S* 18, 207.
10 Vgl. Kristeva, *Pouvoirs de l'horreur. Essai sur l'abjection.*
11 Hyginus, *Fabulae* 275.
12 Vgl. Panyassis bei Apollodorus, *Bibliothek* III 14.4 und Antoninus Liberalis, *Metamorphosen* 34.
13 Zur Korrelation von Adonis, Myrrha und Myrrhenduft vgl. Detienne, *Les jardins d'Adonis.* Die Myrrhe begegnet bei Sappho Fr. 94 (Voigt) und Alkaios Fr. 50 und 362 (Voigt).

Hölderlins Sappho

1 Herder, *Über die Neuere deutsche Literatur*, S. 362.
2 Herder, *Alcäus und Sappho*, S. 186.
3 Vgl. dazu auch die Publikation eines erst vor kurzem gefundenen Sappho-Papyrus durch Michael Gronewald und Robert W. Daniel. Dieser eindrucksvolle Fund erlaubt eine partielle Vervollständigung des dem Altern gewidmeten Fragments 58 (Voigt).
4 Schlegel, *Über die Diotima*, *S* 1, 95.
5 Zur Rezeption dieses Topos im 18. Jahrhundert vgl. Most, *Reflecting Sappho*, S. 21.
6 Zu dem von Hölderlin gern bemühten romantischen Topos des Dichters als eines Kindes und auf besondere Weise unschuldigen Wesens vgl. II 120, III 10, VI 311.
7 Schlegel hat eine solche Mischung von »klarster Besonnenheit« und »Enthusiasmus« den Oden Pindars attestiert (*Geschichte der europäischen Literatur*, *S* 11, 69).
8 Vgl. Most, *Reflecting Sappho.*
9 Vgl. die Nacherzählungen, Auszüge und bibliographischen Nachweise dieser nach Adolf Becks Einschätzung fast durchweg »kitschigen« und »sentimentalen« Texte in VII 4, 293-308.

Vom Adoneus zu Adonis: *Hälfte des Lebens* als Reformulierung der antiken Schönheitsmythe

1 Gaier, *Hölderlin. Eine Einführung*, S. 230.
2 Apollodorus, *Bibliothek* III 14.4.
3 Nach Panyassis ist der bei Aphrodite verbrachte Teil doppelt so groß wie derjenige bei Persephone; andere Versionen der Mythe teilen das Jahr dagegen in zwei Hälften auf. Vgl. Hyginus, *Astronomica* II 7.
4 Macrobius, *Saturnalia* I 21, 1-6.
5 Vgl. Creuzer, *Symbolik und Mythologie der alten Völker*, Teil 2, S. 486.
6 Theokrit, *Idylle* XV 112-113.
7 Bion, *Epitaphios Adonidos* 66. Die Verwandlung des Adonis in eine Rose findet sich ebenfalls berichtet bei Servius, *In Vergilii Bucolica et Georgica Commentarii*, S. 121 (zu *Bucolica* X, 18).
8 Sappho Fr. 168 (Voigt).
9 Vgl. Anm. 20, S. 116.
10 Bürger, *Das hohe Lied von der Einzigen*, S. 134.
11 Vgl. Gaier, »*Dort bin ich, wo Apollo gieng*« – *Hölderlins Weg zu den Griechen*, S. 10.
12 Hyginus, *Fabulae* 270 und 271.
13 Goethes *Ganymedes* ist ein Grenzfall. Nach der antiken Überlieferung gehört Ganymedes zwar zu den »formosissimi ephebi«; er wird aber zu einem heroisch-aufbegehrenden »vir« umdefiniert.
14 Schlegel, *Fragmente zur Poesie und Literatur* I, *S* 16, 314.
15 Schlegel, *Athenäumsfragment* 238, *S* 2, 204.
16 Schlegel, *Fragmente zur Poesie und Literatur* I, *S* 16, 302.
17 Ibid., 183.
18 Schlegel, *Fragmente zur Poesie und Literatur* II, *S* 17, 204.
19 Schlegel, *Fragmente zur Poesie und Literatur* I, *S* 16, 344.
20 Ibid., 222.
21 Vgl. KT 9, 147, 165, 167, 171, 173, 264.
22 Bion von Smyrna, *Adonis*, dt. und gr. von Ulrich von Wilamowitz-Moellendorff, S. 18 (Vorwort).
23 Creuzer, *Symbolik und Mythologie der alten Völker*, Teil 2, S. 433.
24 Ibid., S. 479.

25 Vgl. Cornutus, *Theologiae Graecae Compendium* 28; Origenes, *Ex Origine selecta in Ezechielem* 8, in: Migne (Hg.), *Patrologia Graeca* XIII, S. 799-800; Ammianus Marcellinus, *Rerum gestarum libri quae supersunt* XIX 1, 11 und XXII 9, 15; Sallustius philosophus, *De diis et mundo* IV 3,5. Vgl. Atallah, *Adonis dans la littérature et l'art Grecs*, S. 320-324.

26 Michel, *Friedrich Hölderlin*, S. 29; vgl. auch Hof, *Hölderlins Stil als Ausdruck seiner geistigen Welt*, S. 368.

Adonis, Narcissus und schöne Schwäne

1 Eine dritte ›Blume‹ vom Typ der todgeweihten Jugendschönheiten Adonis und Narcissus ist in der antiken Mythologie der von Apollo geliebte und doch unwillentlich getötete Hyakinthos. Zwei dieser drei besonderen Blumen, nämlich »Narcyssen [...] und Hyacinthen«, hat Hölderlin in einem Bruchstück gebliebenen Gedicht auch namentlich angerufen (II 335).

2 Naturalistisch betrachtet, vermeiden Rosenbüsche und Birnbäume eher die unmittelbare Nähe eines Sees; vollends hängen sie kaum je in einen See hinein. Um so mehr bietet sich dieses Hängen metaphorischen oder allegorischen Lesarten an. Zu Hölderlins Landschaftsdarstellung in der Phase des *Hyperion* vgl. Port, *›Die Schönheit der Natur erbeuten.‹* Zum Motiv des Hängens vgl. Hof, *Hölderlins Stil als Ausdruck seiner geistigen Welt*, S. 301-302.

3 Nach einer Beobachtung Karl Eibls hat sogar das Attribut »hold«, als Ableitung des dialektalen »helden«, direkt an diesem Bedeutungsfeld des Neigens und Herunterhängens teil. Vgl. Eibl, *Der Blick hinter den Spiegel. Sinnbild und gedankliche Bewegung in Hölderlins »Hälfte des Lebens«*, S. 228.

4 Plato, *Phaidon* 84e-85b.

5 I 223. Vgl. auch III 52: »Ich hatte mir ein düsteres Schwanenlied gesungen.«

6 Horaz, *Carmina* II, 20.

7 Jakob, *Schwanengefahr*, S. 7.

8 Horaz, *Carmina* IV, 2.

9 Herder, *Terpsichore*, S. 172.

10 Ibid., S. 270.

11 Ibid., S. 173.
12 Vgl. dazu Jakob, *Schwanengefahr*, S. 223-239.
13 Henkel/Schöne (Hg.), *Emblemata*, S. 817.
14 Die folgenden beiden Absätze reformulieren die überzeugende Deutung der Schwäne in Jakob, *Schwanengesang*, S. 243-250. In den Ausführungen der anschließenden Absätze – namentlich in der Betonung der narzißtischen Implikation von Hölderlins Schwanenbild – weiche ich dagegen von Jakobs Deutung ab; dabei stütze ich mich teilweise durchaus auf Material, das Jakob selbst bereitstellt.
15 Vgl. Jakob, *Schwanengefahr*, S. 127-128.
16 Vgl. ibid., S. 259.
17 Karl Eibl hat – soweit ich sehe – als erster das narzißtische Moment der Szene erkannt (*Der Blick hinter den Spiegel. Sinnbild und gedankliche Bewegung in Hölderlins »Hälfte des Lebens«*, S. 228). Er hat allerdings nicht die textuellen Beziehungen zwischen Ovid und Hölderlin untersucht.
18 Jakob, *Schwanengefahr*, S. 233; vgl. auch S. 229 und 235.
19 Freud, *Zur Einführung des Narzissmus*, S. 43 und *Totem und Tabu*, S. 378.
20 Lunz, *Narziss. Untersuchungen zum Werk Rainer Maria Rilkes*, S. 14. Vgl. auch Jakob, *Schwanengefahr*, S. 330-336.
21 A. W. Schlegel, *Athenäumsfragment* 132, *S* 2, 186.
22 F. Schlegel, *Athenäumsfragment* 238, *S* 2, 204.
23 Vgl. unten, S. 105.
24 Vgl. dazu Weilnböck, *»Was die Wange röthet, kann nicht übel seyn.« Die Beziehungsanalyse der Entfremdung bei Hölderlin und Heidegger*.
25 Vgl. insbesondere Schlegel, *Athenäumsfragmente* 116 und 238, *S* 2, 182-183 und 204.
26 Rousseau, *Narcisse, ou l'amant de lui-même*, S. 965-966.
27 Vgl. Menninghaus, *Unendliche Verdopplung*, insbesondere S. 196-207.
28 F. Schlegel, *Athenäumsfragment* 116, *S* 2, 182.
29 Fichte, *Über den Begriff der Wissenschaftslehre*, S. 52.
30 Freud, *Das Unbehagen in der Kultur*, S. 200.
31 Freud, *Einführung in den Narzissmus*, S. 44.
32 Ibid., S. 56-57.
33 Ibid., S. 43.

34 Vgl. Freud, *Totem und Tabu*, S. 378.

35 Programmatisch wird die Unterscheidung einer eher absondernden von einer All-verbindenden Richtung des Narzißmus bereits in Lou Andreas-Salomés Aufsatz *Narzißmus als Doppelrichtung* (1921) formuliert.

36 Freud, *Das Unbehagen in der Kultur*, S. 198.

37 Ibid., S. 204.

38 Freud, *Die Zukunft einer Illusion*, S. 147-154, 164.

39 Frazer, *The Golden Bough*, Teil II (*Taboo and the Perils of the Soul*), S. 77-100, insbesondere S. 92-94. Vgl. auch Bächtold-Stäubli (Hg.), *Handwörterbuch des deutschen Aberglaubens*, Band 9, S. 547-577; Haberland, *Der Spiegel im Glauben und Brauch der* Völker; Róheim, *Spiegelzauber*; Wesselski, *Narkissos oder das Spiegelbild.*

40 Vgl. Eibl, *Der Blick hinter den Spiegel. Sinnbild und gedankliche Bewegung in Hölderlins »Hälfte des Lebens«*, S. 224.

41 Ovid, *Metamorphosen* III 474-496.

42 Vgl. II 294-296, 305

43 Der Kommentar zur Stuttgarter Ausgabe verweist auf eine Parallelstelle in *Brod und Wein*: »Sieh! Und das Schattenbild unserer Erde, der Mond, / Kommet geheim nun auch« (II 90). Soll »Schatten der Erde« in *Hälfte des Lebens* ebenfalls den Mond ›bedeuten‹? Wenn ja, warum legt Hölderlin im einen Fall diese Bedeutung völlig offen, während sie im anderen ohne die vermeintliche Hilfe der Parallelstelle beinahe unlesbar ist? Und warum sollte es im Winter Mangel an Mond geben? Trotz der Parallele scheint mir die Mond Bedeutung für *Hälfte des Lebens* eher fraglich.

44 Klopstock, *Gedanken über die Natur der Poesie*, S. 182.

45 Ovid, *Metamorphosen* III 433, 435.

46 Ibid., III 415.

47 Ibid., III 428-429.

48 Ibid., III 408-410.

49 Schlegel, *Fragmente zur Poesie und Literatur* I, *S* 16, 314.

50 Schlegel, *Fragmente zur Poesie und Literatur* II, *S* 17, 204.

51 Schlegel, *Fragmente zur Poesie und Literatur* I, *S* 16, 302: »Die weibliche Männlichkeit in Shakespeares Adonis und Sonetten sehr mystisch und schön.«

52 Schlegel, *Athenäumsfragment* 238, *S* 2, 204.

53 Lessing, *Laokoon: Oder über die Grenzen der Malerei und Poesie*, S. 117-118.
54 Zur negativen Repräsentation des Winters vgl. auch VI 181.
55 Vgl. VII 4, 51, 55, 170, 233, 234, 262.
56 Vgl. Behre, *Mitte des Dichtens*, S. 107.

Hölderlins ›Theorie‹ des Schönen

1 Bion, *Epitaphios Adonidos* 30-31.
2 Shakespeare, *Venus and Adonis*, v. 1019.
3 Hyginus, *Fabulae* 271.
4 Plato, *Symposion* 203 b.
5 Ovid, *Metamorphosen* III 466.
6 Vgl. Menninghaus, *Das Versprechen der Schönheit*, S. 63-64.
7 Kant, *Kritik der Urtheilskraft*, S. 226-231. Für die Theorie des Kunstschönen hat Kant dem Begriff der Vollkommenheit zwar einen systematischen Wert eingeräumt, da er in jeder Hervorbringung von Kunstwerken ein Moment begrifflich grundierter Absicht und damit auch ein dem Künstler vorschwebendes Ideal der Vollkommenheit seines Werkes sah; ebendieses Moment aber war bei Kant für die ästhetische ›Unreinheit‹ des Kunstschönen verantwortlich (*Kritik der Urtheilskraft*, S. 311).
8 Plato, *Symposion* 200a-201b.
9 Freud, *Zur Einführung des Narzißmus*, S. 55-56.
10 Vgl. Menninghaus, *Das Versprechen der Schönheit*, S. 37-39, 208-209.
11 Laplanche, *Hölderlin und die Suche nach dem Vater*, S. 81-87.
12 Vgl. Weilnböck, *»Was die Wange röthet, kann nicht übel seyn.«*, S. 81-92, 104-105.
13 Laplanche, *Hölderlin und die Suche nach dem Vater*, S. 67-70, 80, 103. Vgl. auch Schadewaldt, *Das Bild der exzentrischen Bahn bei Hölderlin*, S. 5.
14 Vgl. Weilnböck, *»Was die Wange röthet, kann nicht übel seyn.«*

Sappho und Alkaios als die polaren Urbilder »vollendeter lyrischer Schönheit« und ihre fragmentierte Präsenz im Medium freirhythmischer Sprache

1 Borchardt (Hg.), *Ewiger Vorrat deutscher Poesie*, S. 354.

2 Borchardt, *Hölderlin und endlich ein Ende*, S. 469-470.

3 Vgl. Knaupp, *»Hölderlin und endlich ein Ende«*, S. 98-194, und Neumann, *Rudolf Borchardt: Der unwürdige Liebhaber*, S. 90-91.

4 Lachmann, *Hölderlins Hymnen in freien Strophen*, S. 16-17 und 314-318.

5 Hölderlins Lehre vom »Wechsel der Töne« wird in dieser Lesart übertragen auf Phänomene des metrischen Wechsels und des Wechselspiels überlieferter lyrischer Gesangs- bzw. ›Tonarten‹. Vgl. Ryan, *Hölderlins Lehre vom Wechsel der Töne* und Gaier, *Neubegründung der Lyrik auf Heinses Musiktheorie*, S. 134-135.

6 Viëtor, *Die Lyrik Hölderlins*, S. 116-117.

7 Vgl. dazu Krieger, *Sprache und Rhythmus der späten Hymnen Hölderlins*, S. 256-291; Seckel, *»Hölderlins Sprachrhythmus«*; Maeder, *Hölderlin und das Wort. Zum Problem der freien Rhythmen in Hölderlins Dichtung*.

8 Zu Hölderlins differenzierter Poetik des Enjambement vgl. Krieger, *Sprache und Rhythmus der späten Hymnen Hölderlins*, S. 210-218.

9 Ibid., S. 275.

10 Zit. nach: Klopstock, *Vom gleichen Verse. Aus einer Abhandlung vom Silbenmaße*, S. 48.

11 Vgl. Seckel, *»Hölderlins Sprachrhythmus«*, S. 105-110, 129-130.

12 Herder, *Alcäus und Sappho*, S. 183.

13 Schlegel, *Geschichte der lyrischen Dichtkunst unter den Griechen*, *S* 11, 201.

14 Schlegel, *Geschichte der europäischen Literatur*, *S* 11, 61-62.

15 Vgl. etwa Michael Theunissens philosophische Sappho-Auslegung, die sich schroff gegen jede Auffassung der Lyrik Sapphos als »Ich-Dichtung« wendet und auf dem Nenner einer »Transzendenz des Ephemeren«, eines lyrischen Aufscheinens göttlichen Glanzes Sappho und Pindar eng zusammenrückt (*Pindar. Menschenlos und Wende der Zeit*, insbesondere S. 266, 271, 297, 410, 944). Theunissen scheint mir aber über der Analogie der Sachgehalte das unterschiedliche Pathos und die beinahe gegen-

sätzlichen Sprechpositionen beider Dichter nicht hinreichend in Betracht zu ziehen.

16 Vgl. Rösler, *Musikalische Lyrik in der Antike*, S. 42.

17 Vgl. Gaier, *»Bald sind wir aber Gesang« – Vom Sinn des Hymnischen nach 1800*.

18 Hegel, *Vorlesungen über die Ästhetik*, Bd. 3, S. 444.

19 Ibid., S. 466.

20 Emil Staiger reformuliert in seinen *Grundbegriffen der Poetik* völlig unkritisch und unhistorisch ebendieses – romantisch, teilweise auch nur pseudoromantisch grundierte – moderne Grundverständnis des »Lyrischen«.

21 Schon Norbert von Hellingrath hat *Hälfte des Lebens* als ein »im engern Sinn *lyrisches* Gedicht« bezeichnet (Hölderlin, *Sämtliche Werke*, hg. von Norbert von Hellingrath, Bd. 4, S. 5). Gerade weil *Hälfte des Lebens* vorzugsweise Eingang in Lyrik-Anthologien gefunden hat, ist konsequenten Hölderlin-Kennern der Verdacht gekommen, das Gedicht sei gar nicht zu den genuin Hölderlinschen Dichtungen zu zählen. Es stelle vielmehr eine okkasionelle Anpassung an den »romantischen« Geschmack des Publikums und das exoterische Medium des Almanachs dar – letztlich ein Selbstopfer Hölderlins an »die Trivialität des Nur-Romantischen« (vgl. Kling, *Lese(r)arbeit*, S. 79-80; Nägele, *Text, Geschichte und Subjektivität in Hölderlins Dichtung*, S. 121-123 und Hölderlins Brief an Friedrich Wilmans vom Dezember 1803, VI 436). Schon die zeitgenössische Rezeption läßt Zweifel an dieser Hypothese aufkommen. Denn der Almanach-Beitrag Hölderlins, in dessen Rahmen auch *Hälfte des Lebens* erstmals veröffentlicht wurde, stieß auf markante Äußerungen von Unverständnis und Ablehnung; er wurde keineswegs als eingängige Übung in einem beliebten Lyrikstil wahrgenommen (vgl. VII 4, 22-23 und Stammerjohann, *Ein Exempel aus der Wirkungsgeschichte Hölderlins: »Hälfte des Lebens«*).

22 Herder, *Alcäus und Sappho*, S. 186.

23 Schon Quintilian (*Institutio oratoria* X 1, 63) hat Alkaios für den Reichtum an entgegengesetzten Tönen gepriesen.

24 Vgl. Alkaios Fr. 34, 41, 42, 45, 66, 68, 69, 150, 283, 308, 362 (Voigt) und Sappho Fr. 137 und 168 C (Voigt).

25 Schlegel, *Von den Zeitaltern, Schulen und Stilen der griechischen Poesie*, S 11, 253.

26 Schlegel, *Über die Diotima*, *S* 1, 98.
27 Schlegel, *Fragmente zur Poesie und Literatur* I, *S* 16, 210.
28 Ibid., S. 302.
29 Vgl. Kristeva, *Le vréel*; *Die Chinesin*, S. 271; *Women's Time*, S. 199; *Maternité selon Giovanni Bellini*, S. 411 und 413; *Pouvoirs de l'horreur*, S. 56.
30 Schlegel, *Philosophische Lehrjahre*, *S* 18, 207.
31 Schlegel, *Vorarbeiten zur Geschichte der verschiedenen Schulen und Epochen der lyrischen Dichtkunst bei den Hellenen*, *S* 1, 596.
32 Schlegel, *Über das Studium der Griechischen Poesie*, *S* 1, 319. Vgl. auch Schlegel, *Vorarbeiten zur Geschichte der verschiedenen Schulen und Epochen der lyrischen Dichtkunst bei den Hellenen*, *S* 1, 595 und Hölderlin IV 196.
33 Schlegel, *Vorarbeiten zur Geschichte der verschiedenen Schulen und Epochen der lyrischen Dichtkunst bei den Hellenen*, *S* 1, 594-595.
34 Schlegel, *Von den Zeitaltern, Schulen und Stilen der griechischen Poesie*, *S* 11, 254.
35 Schlegel folgt damit einer Beobachtung Herders: »Die verliebte Empfindung ist der Elegie am paßlichsten: das stille Feuer in ihr, das selten stürmische Leidenschaft wird; aber desto mehr durch die Glieder schleicht, wie die Sappho in ihrem zweiten *aismate* aus Erfahrung singet« (*Über die neuere deutsche Literatur*, S. 493-494 [Anm.]).
36 Vgl. Schlegel, *Vorarbeiten zur Geschichte der verschiedenen Schulen und Epochen der lyrischen Dichtkunst bei den Hellenen*, *S* 1, 592, wo Schlegel ebenfalls »die sybaritische oder lesbische Weichlichkeit mit der jonischen Üppigkeit« vergleicht.
37 Schlegel, *Von den Zeitaltern, Schulen und Stilen der griechischen Poesie*, *S* 11, 251-252.
38 Longin, *Vom Erhabenen* 10.3. Zu Hölderlins Longin-Rezeption vgl. Seifert, *Untersuchungen zu Hölderlins Pindar-Rezeption*, S. 70-79 und Vöhler, *Hölderlins Longin-Rezeption*.
39 Demetrius, *De elocutione* 127, 140-141 und 166; Dionysius, *De compositione verborum* 23.
40 Vgl. Klopstock, *Vom deutschen Hexameter*, S. 127 und 136.
41 Ibid., S. 148.
42 Klopstock, *Von der Darstellung*, S. 172.
43 Zu den Möglichkeiten einer phonetischen Analyse der Gedichte

Hölderlins vgl. Killmayer: *Zur Lautstruktur bei Hölderlin*, speziell zu *Hälfte des Lebens* vgl. Strauss, *Friedrich Hölderlin: »Hälfte des Lebens«*.

Der Widerstreit des Gedichts in sich selbst

1 Herder, *Von der Ode*, S. 73-74 und 85.
2 Schlegel, *Geschichte der europäischen Literatur*, S 11, 64-66.
3 Schlegel, *Über das Studium der Griechischen Poesie*, S 1, 212.
4 Schlegel, *Lyceumsfragmente*, S 2, 162.
5 Schlegel, *Fragmente zur Poesie und Literatur* I, S 16, 237, 242 und 347.
6 Ibid., S. 247.
7 Den Begriff der »Umkehr« verwendet Hölderlin – den tragödientheoretischen Begriff der Peripetie mit dem rhetorischen Begriff der Inversion, dem spirituellen einer inneren Umkehr und dem historischen der Zeitenwende (Revolution) überblendend – in den *Anmerkungen zum Ödipus* (V 202) und in den *Anmerkungen zur Antigonä* (V 271).
8 Vgl. dazu Hof, *Hölderlins Stil als Ausdruck seiner geistigen Welt*, S. 90-91 und Frank/ Kurz, *»ordo inversus«. Zu einer Reflexionsfigur bei Novalis, Hölderlin, Kleist und Kafka.*
9 Diese Bestimmung gilt in ihrem vollem Umfang ausdrücklich nur für die Tragödie (das »tragische dramatische Gedicht«). Die Ode, so Hölderlin, verleugne »das Innige«, das sie »ausdrükt«, »doch mehr bloß in der Form«, nicht aber gleichzeitig im »Stoff«. An der prinzipiellen Entgegensetzung von »Grund« und ›Ausdruck‹ ändert diese Einschränkung nichts, denn eine (Selbst-) Verleugnung im Register der Form reicht völlig aus, um auch die Ode einer inneren Entgegensetzung zu sich selbst zu unterwerfen. Gleichwohl ist zu betonen, daß Hölderlins Poetik der Umkehrung – auch im Brief an Böhlendorff und in den Anmerkungen zu Sophokles – zuallererst eine Poetik der Tragödie ist. Jede Übertragung auf die Poetik des Gedichts behält daher etwas Problematisches, auch wenn die These vertreten werden kann, daß Hölderlins Gedichte der Jahre 1801-1804 eine Integration tragischen Sprechens in die Lyrik unternehmen.
10 Nietzsche, *Die Geburt der Tragödie*, S. 47, 57, 64-65.

11 Schlegel, *Über das Studium der Griechischen Poesie*, *S* 1, 212.

12 Ibid., 231-237.

13 Hegel, *Vorlesungen über die Ästhetik*, Bd. 3, S. 238-240 und 253-255.

14 Vgl. Nietzsche, *Die Geburt der Tragödie*, S. 83, 85, 116.

15 Vgl. Beissner, *Hölderlins Übersetzungen aus dem Griechischen*; Allemann, *Hölderlin und Heidegger*, insbesondere S. 28-66, 146-151; Ryan, *Hölderlins Lehre vom Wechsel der Töne*; Hof, *Zur Frage einer späten »Wendung« oder »Umkehr« Hölderlins*; Gaier, *Hölderlins Dichtungslehre*, insbesondere S. 307-322; Szondi, *Poetik und Geschichtsphilosophie I*, S. 184-214. Die vorliegende Deutung folgt über weite Strecken den Ausführungen Hofs und Szondis.

16 Szondi, *Poetik und Geschichtsphilosophie I*, S. 206-209. Vgl. auch Warminski, *Readings in Interpretation. Hölderlin, Hegel, Heidegger*, S. 28-44.

17 Hegel, *Vorlesungen über die Ästhetik*, Bd. 3, S. 453-455.

18 Ibid., S. 471-472.

19 Vgl. den Brief an Neuffer vom 12. Nov. 1798 (VI 289 ff.) und *Reflexion* (IV 234). Siehe auch Vöhler, *Danken möcht' ich, aber wofür? Studien zur Tradition und Komposition von Hölderlins Hymnik*, S. 193.

20 Zieht man Stellen der *Anmerkungen zur Antigonä* zur Lektüre des Böhlendorff-Briefes heran, dann enthält Hölderlins Rückverweis der selbstüberwindenden Tendenz aller Kunst an eben das »Eigene«, das sie negativ bearbeitet, ausdrücklich Momente eines Imperativs, über der kreativen Gegentendenz gegen das Eigene dieses gleichwohl nicht zu ›versäumen‹ (II 228). Das Feld des Gegensatzes darf nie völlig zugunsten der antinationellen Tendenz verlassen werden, sondern verlangt das Aufrechterhalten einer Rückbindung an den verleugneten »Grund«: »gänzliche Umkehr«, so Hölderlin, sei ebenso »haltlos« wie »unerlaubt« (vgl. V 271). Die antinationelle Tendenz der Kunst läuft insofern Gefahr, zu weit getrieben zu werden; daher Hölderlins fortgesetzte Sorge um die Frage des »Maßes« und des »lebendigen Verhältnisses« als Kautelen gegen jedes »zu sehr«. Seine Sophokles-Übersetzungen zielen eben darauf, den griechischen »Kunstfehler« der allzu meisterhaften, allzu weit getriebenen Verwandlung von Feuer in Nüchternheit teilweise wieder rück-

gängig zu machen: »ich hebe das Orientalische, das [die griechische Kunst] verläugnet hat, mehr heraus« (VI 434).

Angesichts der Möglichkeit, daß umkehrende Meisterschaft bei allzu großer Entfernung von ihrem »Grund« in einen »Kunstfehler« umkippt, darf auch die »vaterländische Umkehr« (V 271) der Modernen nicht einfach als Bahn von der (eigenen) Nüchternheit zur (fremden) Leidenschaft verstanden werden; auch sie muß ihres Grundes und Halts eingedenk bleiben. Dies kann ihr nur in einer befremdenden Rückbiegung ihrer Tendenz zum (fremden) Pathos auf ihre eigene Nüchternheit und Klarheit gelingen. Das Studium der griechischen apollinischen Formen ist das Medium dieser Rückbiegung, durch welche das Eigene als ein Fremdes neu erlernt wird. Diese Rückwendung zur eigenen »Mitgabe« ist gleichwohl kein Selbstzweck, sondern bleibt ihrerseits der dichterischen »Aufgabe«, der ›Erbeutung des Fremden‹ verpflichtet (Hof, *Zur Frage einer späten »Wendung« oder »Umkehr« Hölderlins*, S. 135). Erst dieser in sich selbst vibrierende Widerstreit, dieser doppelte Wechsel in, mit und gegen sich selbst bringt hervor, was nach Hölderlin gleichermaßen »bei den Griechen und uns das Höchste sein muß, nämlich [das] lebendige Verhältnis« (VI 426) von Grund und entgegengesetzter Tendenz der Kunst (vgl. Szondi, *Poetik und Geschichtsphilosophie I*, S. 203).

21 Seifert hat auch dafür Pindar als das Vorbild ausgemacht (*Untersuchungen zu Hölderlins Pindar-Rezeption*, S. 117-118).

22 Vgl. Krieger, *Sprache und Rhythmus der späten Hymnen Hölderlins*, S. 240 und Maeder, *Hölderlin und das Wort*, S. 52-53.

23 Viëtor, *Die Lyrik Hölderlins*, S. 217.

24 Longin, *Vom Erhabenen* 9.9. Hölderlin hat die Stelle offenbar gekannt (vgl. IV 182).

25 Hölderlins Theorie des »fremden« Pathos am Horizont der Bearbeitung der eigenen »Nüchternheit« mag noch ein weiteres Schlaglicht auf den mythologischen Bildraum von *Hälfte des Lebens* enthalten – eines, das eng mit der depressiven *midlife crisis*-Vision einer kahlen winterlichen Todesbahn zusammenhängt. Das »heilige Pathos« der Griechen war für Hölderlin – der darin ein romantisches Motiv (vgl. Tieck, *Das Alte Buch*, S. 829-830) in die Richtung Nietzsches und Freuds weiterentwickelt – nicht zuletzt ein Todestrieb, ein »*Streben aus dieser Welt in die andre*« (V 268). Die »*unendliche* Begeisterung« des griechisch-orientalischen Feu-

ers finde ihre »tragische Darstellung« in der unendlichen Aufhebung ihrer selbst im Akt des unterscheidenden Sich-Fassens; in dieser Struktur, so Hölderlin, ist »der Gott, in der Gestalt des Todes, gegenwärtig« (V 269). Die moderne Nüchternheit dagegen sei, dieser »ewigen Tendenz entgegen«, wesentlich »ein Streben aus einer andern Welt in diese«, eine Verpflichtung zu bestimmter Diesseitigkeit. Sie »*hält* zwischen dieser Welt und der wilden Welt der Toten *inne*« (V 269), während das griechisch-orientalische »Feuer« diese Grenze strukturell überschreitet. Eine der zugleich nüchternsten und pathetischsten Formulierungen des Böhlendorff-Briefes bestimmt den Unterschied des griechischen und des modernen Tragischen ganz aus dieser entgegengesetzten Stellung zum Tod: »das ist das Tragische bei uns, daß wir ganz stille in irgendeinem Behälter eingepackt vom Reiche des Lebendigen hinweggehn, nicht daß wir in Flammen verzehrt die Flamme büßen, die wir nicht zu bändigen vermochten« (VI 426). Die beiden Strophen von *Hälfte des Lebens* sind auf diese Opposition abbildbar. Die erste Strophe atmet das Pathos einer sich selbst aufhebenden, in der Fülle ihrer eigenen Schönheit in eine andere, unterirdische Welt strebenden Landschaft, und sie evoziert mit Narcissus und Adonis zugleich zwei paradigmatische Figuren antiken todesgeneigten »Feuers«. Die zweite dagegen rechnet offenbar nicht damit, »daß wir in Flammen verzehrt die Flamme büßen, die wir nicht zu bändigen vermochten«. Sie versucht, sich im diesseitigen Mangel zu orientieren (»wo nehm' ich«), und wartet mit keiner Perspektive auf, die zu vermeiden verspräche, was der Böhlendorff-Brief als das nüchterne »Schicksal« der Modernen diagnostiziert: »daß wir ganz stille in irgendeinem Behälter eingepackt vom Reiche des Lebendigen hinweggehn«.

26 Schlegel, *Fragmente zur Poesie und Literatur* I, S 16, 346.

Ein sapphisches Moment in Hölderlins großen pindarischen Gedichten?

1 Schadewaldt, *Die frühgriechische Lyrik*, S. 255. Zur altphilologischen Kritik an dieser Auffassung vgl. exemplarisch Most, *The Measures of Praise*, S. 216-217.

2 Schadewaldt, *Die frühgriechische Lyrik*, S. 216.

3 Vgl. Lachmann, *Hölderlins Hymnen in freien Strophen*, S. 99 und Gaier, *Hölderlin. Eine Einführung*, S. 228.

4 In: *Pindari carmina cum fragmentis*, hg. von Bruno Snell.

5 Die Rede ist von der zweiten Nemeischen Ode. Vgl. Wilamowitz-Moellendorff, *Griechische Verskunst*, S. 399 und Schadewaldt, *Die frühgriechische Lyrik*, S. 268.

6 So ist etwa an Snells Schemata für den Laien in griechischer Metrik irritierend, daß an einigen wenigen Stellen (wie Fr. 52a) durchaus die Notation für einen Adoneus vorkommt – im Fall von Pyth. 10 sogar für einen separaten fünfsilbigen Vers (allerdings nicht in Klauselposition) –, gleichwohl aber von einem Reizianum bzw. akephalen Pherekrateus gesprochen wird, einem sechssilbigen Gebilde also.

7 West, *Greek Metre*, S. 65.

8 Vgl. Snell, *Griechische Metrik*, S. 44-57, zur Bedeutung der äolischen Lyrik für diese Entwicklung insbesondere S. 48-50.

9 Vgl. dazu etwa Walter Hof, der in der »Vereinigung hymnischer und elegischer Form« ein Hauptmerkmal von Hölderlins »reifen« Gedichten gesehen hat (*Hölderlins Stil als Ausdruck seiner geistigen Welt*, S. 160).

10 Borchardt, *Hölderlin und endlich ein Ende*, S. 470.

11 Vgl. dazu Gaier, *»Bald sind wir aber Gesang« – Vom Sinn des Hymnischen nach 1800*, S. 195.

12 Nietzsche, *Brief an meinen Freund, in dem ich ihm meinen Lieblingsdichter zum Lesen empfehle* (1861), S. 48.

13 Ziegler, *Hölderlin und Nietzsche*, S. 22.

14 Hölderlin, *Sämtliche Werke*, hg. von Norbert von Hellingrath, Bd. 4, S. XIX (Vorrede).

15 Ibid., S. XI (Vorrede).

16 Vgl. oben, S. 82.

17 Vgl. Pindar, Olymp. 6, 21 und 97; Olymp. 10, 3 und 94-98; Olymp. 11, 4; Pyth. 3, 64; Nem. 1, 4-5; Nem. 3, 4-5 und 76-79; Nem. 4, 44-45; Nem. 5, 2, Nem. 9, 50; Isthm. 6, 9.

Hälfte des Lebens und *Wie wenn am Feiertage*

1 Szondi, *Der andere Pfeil. Zur Entstehungsgeschichte des hymnischen Spätstils.*

2 Gaier, *»Bald sind wir aber Gesang« – Vom Sinn des Hymnischen nach 1800.*

3 Vgl. Seifert, *Untersuchungen zu Hölderlins Pindar-Rezeption*, S. 298-331.

4 Vgl. Fry, *The Poet's Calling in the English Ode*, und Shankman, *The Pindaric Tradition and the Quest for Pure Poetry*, S. 220.

5 Longin, *Vom Erhabenen* 33.5.

6 Vgl. Schadewaldt, *Die frühgriechische Lyrik*, S. 233.

7 Vgl. insbesondere Hölderlins Text *Reflexion* (IV 233) sowie Seifert, *Untersuchungen zu Hölderlins Pindar-Rezeption*, S. 69-78, und Vöhler, *Hölderlins Longin-Rezeption*, S. 165-170. Schon Herder verstand – offenbar gegen Longin – den Wechsel von Aufflug und Ernüchterung in Pindars Oden nicht als Scheitern des Enthusiasmus, sondern als gelingende Komposition: »Er schwingt sich, wie ein Adler auf, wirbelt sich oben und sinkt« (Herder, *Von der Ode*, S. 70-71).

8 Cowley, *The Complete Works in Verse and Prose*, Bd. 2, S. 5.

9 Vgl. Poiss, *Momente der Einheit*, S. 123-141, 240-245.

10 Hegel, *Vorlesungen über die Ästhetik*, Bd. 3, S. 440; vgl. auch S. 426-427.

11 Vgl. Freud, *Totem und Tabu*, S. 378.

12 Vgl. Freud, ibid. und *Zur Einführung des Narzissmus*, S. 43.

13 Schlegel, *Athenäumsfragment* 238, *S* 2, 204.

14 Vgl. Weilnböck, *»Was die Wange röthet, kann nicht übel seyn.«*

Hängen – Stehen – Schweben

1 Schelling, *Ideen zu einer Philosophie der Natur als Einleitung in das Studium dieser Wissenschaft*, S. 337 ff.

2 Novalis, *Schriften*, Bd. 2, S. 266. Fichte und Schelling propagierten analoge Strukturen des Schwebens, verstanden das schwebende Erfassen des »Absoluten« aber gerade nicht als schwebende Reflexion, sondern als schwebend-unmittelbare »Anschauung«. Vgl. Menninghaus, *Unendliche Verdopplung*, S. 132-142.

Bibliographie

Allemann, Beda: *Hölderlin und Heidegger*. Zürich/Freiburg: Atlantis, 1956.

Andreas-Salomé, Lou: *Narzißmus als Doppelrichtung*. In: Imago 7 (1921), S. 361-386.

Atallah, W.: *Adonis dans la littérature et l'art Grecs*. Paris: Klincksiek, 1966.

Bächtold-Stäubli, Hanns (Hg.): *Handwörterbuch des deutschen Aberglaubens*. Band 9, Berlin: de Gruyter, 1938/1941.

Behre, Maria: *Mitte des Dichtens. Hölderlins Gedicht »Hälfte des Lebens« als Ort intellektueller und historischer Probleme der Epochenschwelle 1800*. In: Thomas Althaus und Stefan Matuschek (Hg.), *Interpretationen zur neueren deutschen Literaturgeschichte*, Münster/Hamburg: 1994, S. 101-128.

Beissner, Friedrich: *Hölderlins Übersetzungen aus dem Griechischen*, Stuttgart: Metzler, 1933.

Benn, Gottfried: *Hälfte des Lebens*. In: *Trunken von Gedichten. Eine Anthologie geliebter deutscher Verse*, hg. von Georg Gerster, Zürich: Arche, 1953, S. 97-98.

Bertaux, Pierre: *Friedrich Hölderlin*. Frankfurt am Main: Suhrkamp, 1978.

Binder, Wolfgang: *Hölderlins Odenstrophe*. In: W. B., *Hölderlin-Aufsätze*, Frankfurt am Main: Insel, 1970, S. 47-75.

Bion von Smyrna: *Adonis*. Dt. und gr. von Ulrich von Wilamowitz-Moellendorff, Berlin: Weidmannsche Buchhandlung, 1900.

Bloom, Harold: *The Anxiety of Influence. A Theory of Poetry*, London/Oxford/New York: Oxford University Press, 1973.

Bohrer, Karl Heinz: *Nach der Natur. Ansicht einer Moderne jenseits der Utopie*. In: Merkur 7 (1987), S. 631-645.

Borchardt, Rudolf (Hg.): *Ewiger Vorrat Deutscher Poesie*. München: Verlag der Bremer Presse, 1926.

Borchardt, Rudolf: *Hölderlin und endlich ein Ende. An den Herausgeber der Neuen Zürcher Zeitung*. In: *Gesammelte Werke*, Bd. 4 (*Prosa I*), Stuttgart: Klett, 1957, S. 469-471.

Bürger, Gottfried August: *Das hohe Lied von der Einzigen, in Geist und Herzen empfangen am Altare der Vermählung*. In: G. A. Bürger, *Gedichte*, hg. von A. Sauer, Berlin und Stuttgart: Spemann, o. J., S. 134.

Constantine, David J.: *The Significance of Locality in the Poetry of Friedrich Hölderlin.* London: The Modern Humanities Research Association, 1979.

Cowley, Abraham: *The Complete Works in Verse and Prose.* Hg. von Alexander B. Grosart, 2 Bde., Hildesheim: Olms, 1969 (Reprint der Ausgabe Blackburn 1881).

Creuzer, Friedrich: *Symbolik und Mythologie der alten Völker.* Leipzig und Darmstadt: Leske, 1841 (3. verbesserte Auflage).

Dante Alighieri: *La Commedia.* Hg. von Giorgio Petrocchio, Mailand: Mondadori, 1966.

Detienne, Marcel: *Les jardins d'Adonis.* Paris: Gallimard, 1972.

Eibl, Karl: *Der Blick hinter den Spiegel. Sinnbild und gedankliche Bewegung in Hölderlins »Hälfte des Lebens«.* In: *Jahrbuch der deutschen Schillergesellschaft* 27 (1983), S. 221-234.

Erkelenz, Michael: *Shelley's First »Pythian«.* In: Modern Philology 97 (2000), S. 393-416.

Fichte, Johann Gottlieb: *Über den Begriff der Wissenschaftslehre.* In: *Fichtes Werke*, hg. von Immanuel Hermann Fichte, Berlin: Veit & Comp., 1845/1846 (Nachdruck Berlin: de Gruyter, 1971), Bd. 1.

Fiedler, Theodore: *Trakl and Hoelderlin.* Diss. Washington University, 1969.

Frank, Manfred/Gerhard Kurz: *»ordo inversus«. Zu einer Reflexionsfigur bei Novalis, Hölderlin, Kleist und Kafka.* In: *Geist und Zeichen. Festschrift für Arthur Henkel*, hg. von Herbert Anton, Bernhard Gajek und Peter Pfaff, Heidelberg: Winter, 1977.

Frazer, James: *The Golden Bough. A Study in Magic and Religion.* London: Mac Millan, 1955.

Freud, Sigmund: *Das Unbehagen in der Kultur.* In: S. Freud, *Studienausgabe*, hg. von Alexander Mitscherlich, Angela Richards und James Strachey, 10 Bde., Frankfurt am Main: Fischer, 1969-1975, Bd. 9.

–: *Die Zukunft einer Illusion.* In: *Studienausgabe*, Bd. 9.

–: *Totem und Tabu.* In: *Studienausgabe*, Bd. 9.

–: *Zur Einführung des Narzissmus.* In: *Studienausgabe*, Bd. 3.

Fry, Paul: *The Poet's Calling in the English Ode.* New Haven/London: Yale University Press, 1980.

Gaier, Ulrich: *Das gesetzliche Kalkül. Hölderlins Dichtungslehre.* Tübingen: Niemeyer, 1962.

–: *Diotima, eine synkretistische Gestalt.* In: *Turmvorträge 1989/90/*

91, hg. von Valérie Lawitschka, Tübingen: Hölderlin-Gesellschaft, 1991.
–: *»Dort bin ich, wo Apollo gieng« – Hölderlins Weg zu den Griechen.* In: *Turmvorträge 1987/88. Hölderlin und die Griechen*, hg. von Valérie Lawitschka, Tübingen: Hölderlin-Gesellschaft, 1988.
–: *»Bald sind wir aber Gesang« – Vom Sinn des Hymnischen nach 1800.* In: *»Es bleibet aber eine Spur / Doch eines Wortes«. Zur späten Hymnik und Tragödientheorie Friedrich Hölderlins*, hg. von Christoph Jamme und Anja Lemke, München: Fink: 2004, S. 177-196.
–: *Hölderlin. Eine Einführung*. Tübingen und Basel: Francke, 1993.
–: *Hölderlins Dichtungslehre*. Tübingen: Niemeyer, 1962.
–: *Neubegründung der Lyrik auf Heinses Musiktheorie*. In: Hölderlin-Jahrbuch 31 (1998-1999), S. 129-138.
Geerdts, H.J.: *Zu Hölderlins Gedicht »Hälfte des Lebens«*, in: Wissenschaftliche Zeitschrift der Ernst-Moritz-Arndt-Universität Greifswald (Gesellschafts- und sprachwissenschaftliche Reihe 5/6), Jg. 11 (1962), S. 339-343.
Goethe, Johann Wolfgang von: *Werke* (Hamburger Ausgabe). Bd. 1 und 2, hg. von Erich Trunz, München: Beck, 1978.
Gronewald, Michael/Daniel, Robert W.: *Ein neuer Sappho-Papyrus*. In: Zeitschrift für Papyrologie und Epigraphik 147 (2004), S. 1-8.
Grumach, Ernst: *Goethe und die Antike*. Bd. 1, Berlin: de Gruyter, 1949.
Haberland, Karl: *Der Spiegel im Glauben und Brauch der* Völker. In: Zeitschrift für Völkerpsychologie und Sprachwissenschaft 13 (1882), S. 324-347.
Hamlin, Cyrus: *Hölderlin's Hellenism: Tyranny or Transformation.* Typoskript, 2003.
Hamlin, Cyrus: *The Structure of Poetic Myth: Hölderlin's »Hälfte des Lebens«*,Typoskript, 1966.
Hegel, Georg Wilhelm Friedrich: *Vorlesungen über die Ästhetik*, Bde. 1-3. In: G.W.F. Hegel, *Werke* (Theorie Werkausgabe), 20 Bde., Frankfurt am Main: Suhrkamp, 1970, Bde. 13-15.
Heller, Erich: *Thinking about Poetry, Hölderlin and Heidegger*. In: *Herkommen und Erneuerung – Essays für Oskar Seidlin*, hg. von Gerald Gillespie und Edgar Lohner, Tübingen: Niemeyer, 1976, S. 168-184.
Henkel, Arthur/Albrecht Schöne (Hg.): *Emblemata. Handbuch zur*

Sinnbildkunst des XVI. und XVII. Jahrhunderts. Stuttgart: Metzler, 1967.

Herder, Johann G.: *Adrastea.* In: J. G. Herder, *Sämtliche Werke*, hg. von Bernhard Suphan, Berlin: Weidmann, 1877 ff., Bd. 24.

–: *Alcäus und Sappho. Von zwey Hauptgattungen der lyrischen Dichtkunst.* In: *Sämtliche Werke*, Bd. 27.

–: *Kritische Wälder.* In: *Sämtliche Werke*, Bd. 3.

–: *Terpsichore.* In: Sämtliche *Werke*, Bd. 27.

–: *Über die neuere deutsche Literatur.* In: J. G. Herder, *Frühe Schriften 1764-1772*, hg. von Ulrich Gaier, Frankfurt am Main: Deutscher Klassiker Verlag, 1985.

–: *Von der Ode.* In: *Frühe Schriften 1764-1772.*

Heusler, Andreas: *Deutsche Versgeschichte.* Bd. 3, Berlin: de Gruyter, 1956.

Hölderlin, *Sämtliche Werke.* Hg. von Norbert von Hellingrath, Bd. 4 (*Gedichte 1800-1806*), Berlin: Propyläen, 1943.

–: *Sämtliche Werke.* Hg. von Friedrich Beissner, Stuttgart: Cotta/ Kohlhammer, 1948-1985. Zitate aus dieser Ausgabe werden im laufenden Text durch römische Zahlen (= Bandangabe), gefolgt von arabischen Zahlen (= Seitenzahl) nachgewiesen.

–: *Sämtliche Werke. Kritische Textausgabe.* Hg. von D. E. Sattler, Darmstadt: Luchterhand, 1979-1988. Zitate aus dieser Ausgabe werden im laufenden Text durch die Abkürzung »KT«, gefolgt von Band- und Seitenangabe, nachgewiesen.

Hof, Walter: *Hölderlins Stil als Ausdruck seiner geistigen Welt.* Meisenheim am Glan: Hain, 1954.

–: *Zur Frage einer späten »Wendung« oder »Umkehr« Hölderlins.* In: Hölderlin-Jahrbuch 11 (1958-1960), S. 120-159.

Hübscher, Arthur: *Hölderlins hymnische Form.* In: *Die neue Dichtung. Jahrbuch 1924*, hg. von Alfred Happ, Regensburg und Leipzig: Habbel & Naumann, 1924, S. 120-136.

Jakob, Michael: *»Schwanengefahr«. Das lyrische Ich im Zeichen des Schwans.* München: Hanser, 2000.

Jäger, Dietrich: *Über Zeit und Raum als Formen lyrischer Welterfahrung, besonders bei Eichendorff und Keats.* In: Literatur in Wissenschaft und Unterricht 1 (1968), S. 169-189.

Kant, Immanuel: *Kritik der Urtheilskraft.* In: *Kant's gesammelte Schriften*, hg. von der Königlich Preußischen Akademie der Wissenschaften, Bd. 5, Berlin: Georg Reimer, 1908/13.

Kaschnitz, Marie Luise: *Mein Gedicht*. In: M. L. Kaschnitz, *Zwischen Immer und Nie*, Frankfurt am Main: Insel, 1977, S. 298-299.

Kerényi, Karl: *Hölderlins Vollendung*. In: *Hölderlin-Jahrbuch* 1954, S. 25-45.

Kerkhoff, Emmy: *Friedrich Hölderlins »Hälfte des Lebens«*. In: Neophilologus 35 (1951), S. 94-107.

Killmayer, Wilhelm: *Zur Lautstruktur bei Hölderlin*. In: Hölderlin-Jahrbuch 28 (1992-1993), S. 218-238.

Kling, Wilfred L., *Lese(r)arbeit. Hölderlins »Der Winkel von Hardt« und die Nachtgesänge*. In: *»Le pauvre Holterling« – Blätter zur Frankfurter Ausgabe* 4/5 (1980), S. 77-88.

Klopstock, Friedrich Gottlieb: *Sämmtliche Werke*. Leipzig: Göschen, 1854.

–: *Gedanken über die Natur der Poesie*; *Vom deutschen Hexameter*; *Vom gleichen Verse. Aus einer Abhandlung vom Silbenmaße*; *Von der Darstellung*. Alle in: F. G. Klopstock, *Gedanken über die Natur der Poesie*, hg. von Winfried Menninghaus, Frankfurt am Main: Insel, 1989.

Knaupp, Michael: *»Hölderlin und endlich ein Ende«*. In: *»Le pauvre Holterling« – Blätter zur Frankfurter Ausgabe* 8 (1988), S. 98-104.

Komma, Karl Michael: *Drei Klangstudien zu Friedrich Hölderlin 1970 für Sprechstimme und Klavier*. In: *Hölderlin-Jahrbuch* 16 (1969/70), S. 137-141.

Krieger, Rudolf: *Sprache und Rhythmus der späten Hymnen Hölderlins*. In: Zeitschrift für Ästhetik und Allgemeine Kunstwissenschaft 22 (1928).

Kristeva, Julia: *Die Chinesin. Die Rolle der Frau in China*. München: Nymphenburger Verlagsbuchhandlung, 1976.

–: *Le vréel*. In: Julia Kristeva/Jean-Michel Ribettes, *Folle vérité. Vérité et vraisemblance du texte psychotique*, Paris: Seuil, 1979, S. 11-35.

–: *Maternité selon Giovanni Bellini*. In: Kristeva, *Polylogue*, Paris: Seuil, 1977, S. 409-435.

–: *Pouvoirs de l'horreur. Essai sur l'abjection*, Paris: Seuil, 1980.

–: *Women's Time*. In: *The Kristeva Reader*, hg. von Toril Moi, Oxford: Basil Blackwell, 1986, S. 187-213.

Kurz, Gerhard: *»Hölderlin und die Frage nach dem Wahnsinn«*. In: Euphorion (1979).

–: *Reflecting Sappho*. In: Bulletin of the Institute of Classical Studies 40 (1995).
Nägele, Rainer: *Text, Geschichte und Subjektivität in Hölderlins Dichtung: »Uneßbarer Schrift gleich«*. Stuttgart: Metzler, 1985.
Neumann, Gerhard: *Rudolf Borchardt: Der unwürdige Liebhaber*. In: *Zeit der Moderne. Zur deutschen Literatur von der Jahrhundertwende bis zur Gegenwart*, hg. von Martin Krummacher, Stuttgart: Kröner, 1984, S. 89-118.
Nietzsche, Friedrich: *Die Geburt der Tragödie*. In: Nietzsche, *Sämtliche Werke. Kritische Studienausgabe*, hg. von Giorgio Colli und Mazzino Montinari, München: dtv/de Gruyter, 1980, Bd. 1.
–: *Brief an meinen Freund, in dem ich ihm meinen Lieblingsdichter zum Lesen empfehle* (1861). In: Theobald Ziegler/Klaus H. Fischer, *Hölderlin und* Nietzsche, Schutterwald: Wissenschaftlicher Verlag, 2001.
Novalis: *Schriften. Die Werke Friedrich von Hardenbergs*. Hg. von Richard Samuel in Zusammenarbeit mit Hans-Joachim Mähl und Gerhard Schulz, Stuttgart: Kohlhammer, 1960ff.
Opitz, Martin: *Buch von der deutschen Poeterey*. Hg. von Cornelius Sommer, Stuttgart: Reclam, 1970.
Page, Denys: *Sappho and Alcaeus. An introduction to the study of ancient Lesbian poetry*. Oxford: Clarendon: 1955.
Pindari carmina cum lectionis varietate et annotationibus, hg. von Christian Gottlob Heyne, 3 Bde., Göttingen: Dieterich, 1798-1799.
Pindari opera, 2 Bde., hg. von August Boeckh, Leipzig: Weigel, 1811-1821.
Pindari carmina cum fragmentis, hg. von Bruno Snell, Leipzig: Teubner, 1958.
Plotius (Marius Plotius Sacerdos): *Artes grammaticae*. In: *Grammatici latini*, Bd. VI, hg. von Heinrich Keil, Leipzig: Teubner, 1874.
Poiss, Thomas: *Momente der Einheit. Interpretationen zu Pindars »Epinikion« und Hölderlins »Andenken«*. Wien: Akademie der Wissenschaften, 1993.
Port, Ulrich: *Die Schönheit der Natur erbeuten. Problemgeschichtliche Untersuchung zum ästhetischen Modell von Hölderlins »Hyperion«*. Würzburg: Königshausen und Neumann, 1996.
Riffaterre, Michel: *La production du texte*. Paris: Seuil, 1979.
Rilke, Rainer Maria: *Die Aufzeichnungen des Malte Laurids Brigge*.

In: R. M. Rilke, *Sämtliche Werke*, Bd. 6, Frankfurt am Main: Insel, 1966.

Rösler, Wolfgang: *Musikalische Lyrik in der Antike*. In: Hermann Danuser (Hg.), *Musikalische Lyrik*, Teil 1: *Von der Antike bis zum 18. Jahrhundert* (= Handbuch der musikalischen Gattungen, Bd. 8, 1), Laaber: Laaber-Verlag, 2004, S. 35-58.

Róheim, Géza: *Spiegelzauber*. In: IMAGO. *Zeitschrift für Anwendung der Psychoanalyse auf die Geisteswissenschaften* 5 (1917-1919), S. 63-120.

Rosenberg, Stanley D. and Harriet Rosenberg/Michael P. Farrell: *The Midlife crisis revisited*. In: Sherry L. Willis/James D. Reid (Hg.): *Life in the Middle. Psychological and Social Development in the Middle Age*, San Diego/ London/ Boston: Academic Press, 1999.

Rousseau, Jean-Jacques: *Narcisse, ou l'amant de lui-même*. In: Rousseau, *Œuvres complètes*, hg. von Bernard Gagnebin und Marcel Raymond, Paris: Gallimard, 1961.

Ryan, Lawrence: *Hölderlins Dichtungsbegriff*. In: *Hölderlin-Jahrbuch* 12 (1961-62), S. 20-41.

–: *Hölderlins Lehre vom Wechsel der Töne*. Stuttgart: Kohlhammer, 1960.

Santner, Eric L.: *Paratactic Composition in Hölderlins »Hälfte des Lebens«*. In: *The German Quarterly* 58/2 (1985), S. 165-172.

Sappho et Alcaeus, *Fragmenta*, hg. von Eva-Maria Voigt, Amsterdam: Athenäum/Polak & Van Gennep, 1971.

Sattler, D.E.: *»Friedrich Hölderlin. 144 fliegende Briefe.«* Darmstadt und Neuwied: Luchterhand, 1981.

Schadewaldt, Wolfgang: *Das Bild der exzentrischen Bahn bei Hölderlin*. In: *Hölderlin-Jahrbuch* 1952.

Schadewaldt, Wolfgang: *Die frühgriechische Lyrik*. Frankfurt am Main: Suhrkamp, 1989.

Schelling, Friedrich Wilhelm Joseph: *Ideen zu einer Philosophie der Natur als Einleitung in das Studium dieser Wissenschaft*. In: Schelling, *Schriften von 1794-1798*, Darmstadt: Wissenschaftliche Buchgesellschaft, 1980, S. 333-397.

Schlegel, Friedrich: *Kritische Friedrich-Schlegel-Ausgabe*. Hg. von Ernst Behler unter Mitwirkung von Jean Jacques Anstett und Hans Eichner, Paderborn/München/Wien/Zürich: Schöningh, 1958 ff. Zitate aus dieser Ausgabe werden durch die Abkürzung »*S*«, gefolgt von Bandangabe und Seitenzahl, nachgewiesen.

Schmidt, Jochen: *Sobria ebrietas. Hölderlins »Hälfte des Lebens«.* In: *Hölderlin-Jahrbuch* 23 (1982-83), S. 182-190.

Schmitz, Thomas: *Pindar in der französischen Renaissance. Studien zu seiner Rezeption in Philologie, Dichtungstheorie und Dichtung.* Göttingen: Vandenhoeck & Ruprecht, 1993.

Schneider, Hans: *Hölderlin's »Hälfte des Lebens«. Ein daseinsanalytischer Versuch.* In: *Monatsschrift für Psychiatrie und Neurologie* 111 (1946), S. 292-301.

Schottmann, Hans-Heinrich: *Metapher und Vergleich in der Sprache Friedrich Hölderlins. Beiträge zur Interpretation seiner Dichtung.* Diss. Bonn 1959.

Seckel, Dietrich: *»Hölderlins Sprachrhythmus«. Mit einer Einleitung über das Problem des Rhythmus und einer Bibliographie zur Rhythmus-Forschung.* Leipzig: Mayer & Müller, 1937.

Seifert, Albrecht: *Untersuchungen zu Hölderlins Pindar-Rezeption.* München: Fink, 1982.

Servius: *In Vergilii Bucolica et Georgica Commentarii.* Hg. von Georg Thilo, Leipzig: Teubner, 1887.

Shankman, Steven: *The Pindaric Tradition and the Quest for Pure Poetry.* In: Comparative Literature 10 (1988).

Snell, Bruno: *Griechische Metrik.* Göttingen: Vandenhoeck & Ruprecht, 1982.

Staiger, Emil: *Grundbegriffe der Poetik.* München: dtv, 1971.

Stammerjohann, Harro: *Ein Exempel aus der Wirkungsgeschichte Hölderlins: Hälfte des Lebens.* In: *Études Germaniques* 21 (1966), S. 388-393.

Starobinski, Jean: *Wörter unter Wörtern. Die Anagramme von Ferdinand de Saussure.* Frankfurt/M./Berlin/Wien: Ullstein, 1980.

Strauss, Ludwig: *Friedrich Hölderlin: »Hälfte des Lebens«.* In: *Interpretationen,* hg. von Jost Schillemeit und Dieter Steland, Bd. I, Frankfurt am Main: Fischer, 1965, S. 113-134.

Sühnel, Rudolf: *Pindars Musen-Anruf und die englische Musik-Ode.* In: *Geschichte des Textverständnisses am Beispiel von Pindar und Horaz,* hg. von Walther Killy, München: Kraus, 1981, S. 219-242.

Szondi, Peter: *Poetik und Geschichtsphilosophie I. Antike und Moderne in der Ästhetik der Goethezeit.* Frankfurt am Main: Suhrkamp, 1974.

Szondi, Peter: *Der andere Pfeil. Zur Entstehungsgeschichte des hymnischen Spätstils.* In: Szondi, *Hölderlin-Studien. Mit einem Trak-*

tat über philologische Erkenntnis, Frankfurt am Main: Suhrkamp, 1970, S. 37-61.

Theunissen, Michael: *Pindar. Menschenlos und Wende der Zeit.* München: Beck, 2000.

Tieck, Ludwig: *Das Alte Buch.* In: Tieck, *Schriften 1834-1836*, hg. von Uwe Schweikert, Frankfurt am Main: Deutscher Klassiker Verlag, 1988, S. 733-854.

Traverso, Leone: *Osservazioni e ipotesi su due passi di Hölderlin.* In: Traverso, *Sul »Torquato Tasso« di Goethe e altre note di letteratura tedesca*, Urbino: Argalia, 1964, S. 25-39.

Viëtor, Karl: *Die Lyrik Hölderlins. Eine analytische Untersuchung.* Darmstadt: Wissenschaftliche Buchgesellschaft, 1967.

Vöhler, Martin: *Danken möchte' ich, aber wofür? Zur Tradition und Komposition von Hölderlins Hymnik.* München: Fink, 1997.

–: *Hölderlins Longin-Rezeption*, in: Hölderlin-Jahrbuch 1992-1993, S. 152-172.

–: *Pindarrezeptionen. Sechs Studien zum Wandel des Pindarverständnisses von Erasmus bis Herder*, Habil. Freie Universität Berlin 2003 (unv.).

Warminski, Andrzej: *Readings in Interpretation. Hölderlin, Hegel, Heidegger.* Minneapolis: University of Minnesota Press, 1987.

Weilnböck, Harald: *»Was die Wange röthet, kann nicht übel seyn«. Die Beziehungsanalyse der Entfremdung bei Hölderlin und Heidegger.* Würzburg: Königshausen und Neumann, 2000.

Wesselski, Albert: *Narkissos oder das Spiegelbild.* In: Archív Orientální 7 (1935), S. 37-63 und 328-350.

West, Martin L.: *Die griechische Dichterin. Bild und Rolle.* Stuttgart und Leipzig: Teubner, 1996.

–: *Greek Metre.* Oxford: Clarendon, 1982.

Wiesmann, Louis: *Hölderlins »Hälfte des Lebens« und Trakls »Abendland«.* In: Basler Nachrichten vom 22.3.1970.

Wilamowitz-Moellendorff, Ulrich von: *Griechische Verskunst.* Darmstadt: Wissenschaftliche Buchgesellschaft, 1984.

Wilson, Penelope: *The Knowledge and Appreciation of Pindar in the Seventeenth and Eighteenth Centuries.* PhD Oxford 1974.

Ziegler, Theobald / Klaus H. Fischer: *Hölderlin und Nietzsche. Zwei Aufsätze.* Schutterwald, Wissenschaftlicher Verlag, 2001.

Suhrkamp Verlag GmbH
Torstraße 44, 10119 Berlin
info@suhrkamp.de
www.suhrkamp.de